AF596362

TRAITÉ ÉLÉMENTAIRE

DE MUSIQUE

A L'USAGE

Des Aspirants au Brevet de Capacité,

DES ÉCOLES NORMALES

ET DES ÉCOLES PRIMAIRES

Rédigé d'après le Programme de l'Université pour les examens du chant et la Méthode de B. Willem.

Par M. **C.-F. DELLIEUX**, Instituteur,

A AIRAINES.

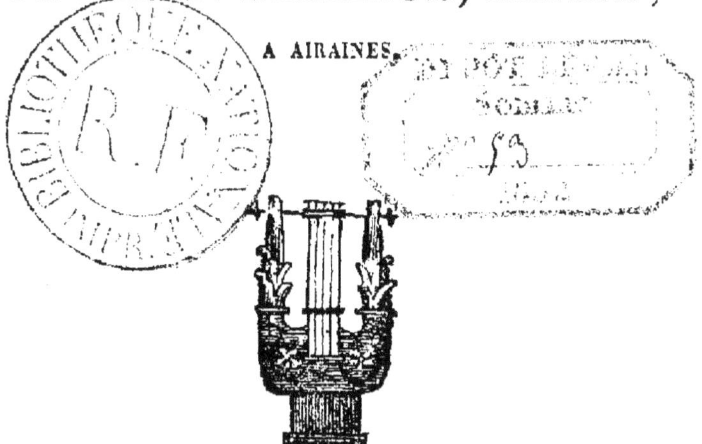

AMIENS

Typographie de CARON ET LAMBERT, Impr.-Libr.

1852

A LA JEUNESSE.

C'est à vous, brillante jeunesse de nos Écoles, c'est à vous, qui faites l'espérance de la génération actuelle, que je dédie cet ouvrage. Ah! puisse-t-il vous inspirer le goût et l'amour du chant religieux! Tel serait l'accomplissement de mes vœux. O jeunesse chrétienne! Je vous invite donc, au nom de votre salut, à bannir de votre esprit toute espèce de chants profanes, qui ne produisent qu'un plaisir bien fragile et qui pourraient même entraîner votre perte, en vous faisant oublier les devoirs que la religion vous prescrit. Soyez donc toujours les dignes enfants de MARIE, apprenez à chanter ses grandeurs, ses vertus et ses bienfaits! Vos accents innocents monteront jusqu'à son trône de gloire éternelle, et les Anges apporteront dans vos cœurs la jouissance de la plus douce et de la plus pure allégresse, et les embraseront du feu de la plus ardente charité.

DELLIEUX.

PRÉFACE.

Il est constant que rien n'est plus propre à entretenir la piété dans l'âme des Fidèles et à ranimer leur ferveur, que le chant des saints cantiques; par ce pieux exercice, qui est pour eux un délassement fort agréable, ils se rendent familier tout ce que notre sainte religion renferme de plus touchant dans ses divins mystères, et de plus consolant dans les dogmes qu'elle nous enseigne, et contractent ainsi la douce habitude de publier les grandeurs du Seigneur, et de lui payer le tribut de louanges qui lui est dû. Aussi, convaincues de l'utilité et de l'importance de cet exercice, et des avantages précieux qu'on en peut tirer, des personnes pieuses et remplies de zele pour le chant religieux, se sont-elles empressées de publier des Recueils de Cantiques et de Motets latins notés en musique, afin d'en propager l'usage dans toutes les classes de fidèles. On ne saurait donc trop louer la charité chrétienne qui a guidé ces personnes dans cette religieuse entreprise.

Cependant, comme il ne suffit pas d'ouvrir un Recueil noté pour qu'on puisse chanter les Cantiques ou les Motets qui y sont contenus, mais qu'il faut nécessairement qu'on ait étudié, préalablement, les principes de la musique; il restait donc encore une lacune à remplir pour que l'œuvre fût complète; et c'est cette lacune que j'ai cru combler en publiant ce petit Traité, fruit de mes veilles. Alors, cet ouvrage, qui renferme tous les principes dont la connaissance est nécessaire pour chanter la musique, sera la théorie, et les Recueils notés de musique religieuse lui serviront d'exercices d'application et en seront, en quelque sorte, le complément indispensable. Ce n'est pas cependant que je veuille dire par là qu'il n'existe pas de méthode de musique; certes! il n'en manque pas et de plus savantes que la mienne; mais, tout excellentes que sont ces méthodes, elles laissent pourtant encore à désirer sous plusieurs rapports : d'abord la plupart sont d'un prix trop élevé et par conséquent hors de la portée des élèves de nos écoles rurales, et de plus, elles sont toutes généralement écrites trop haut. En effet, il faut convenir qu'en obligeant les élèves-maîtres (car c'est pour eux que j'écris spécialement), de faire des *sol*, des *la*, des *si*; c'est vouloir leur casser la voix sans retour et les rendre, par là, à jamais incapables de chanter le plain-chant, qu'il doivent pourtant chanter plus souvent que la musique.

Quelques professeurs ont l'habitude de baisser le diapason d'un ton, d'une tierce et quelquefois même d'une quarte selon le besoin; mais ce moyen est absolument vicieux, en ce qu'il fausse l'intonation des Élèves.

Dans ce petit Traité, il n'y a point de notes au delà du *fa*, et l'on pourra encore, sans inconvénient grave, baisser le diapason d'un demi-ton, s'il en est besoin; alors on aura pour le *fa* l'intonation du *mi*, or, le *mi* est une note à la portée de toutes les voix ordinaires.

Si ce petit ouvrage reçoit des Maîtres et des Élèves un favorable accueil, je promets de l'augmenter et d'y apporter toutes les modifications qui seront jugées nécessaires, afin de le rendre de plus en plus digne de leur approbation. Pour cela, je profiterai, avec reconnaissance, de la bienveillance de ceux d'entre eux qui voudront bien me communiquer leurs observations.

Veuillent Jésus et Marie répandre leur sainte bénédiction sur ce livre, et le rendre utile à la jeunesse chrétienne, à qui je le dédie.

DELLIEUX.

AVIS IMPORTANT.

Dans la première partie, les Élèves n'étudieront d'abord que les noms et les valeurs des notes et des silences, le nom de chaque note sur la portée avec la clef de *sol* deuxième ligne, et ils apprendront à battre la mesure à quatre temps, ensuite ils passeront aux solfèges de la deuxième section. Dans la seconde partie, on ne leur fera apprendre que l'effet du dièse, du bémol et du bécarre, avant de les faire passer aux solfèges. Le Maître ne fera apprendre les autres principes que quand il jugera que les Élèves sont assez avancés pour les bien comprendre.

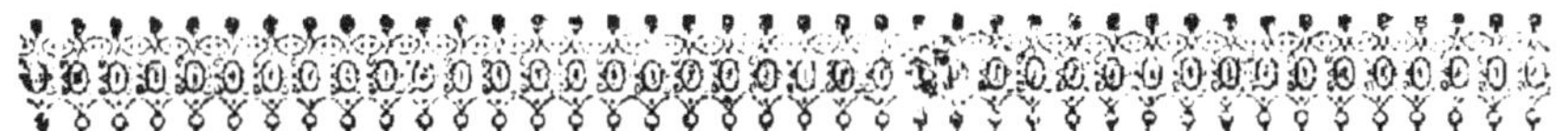

TRAITÉ ÉLÉMENTAIRE

DE

MUSIQUE.

PREMIÈRE PARTIE.

Première Section.

DÉFINITIONS ET PRINCIPES DE LA MUSIQUE.

1. — La *Musique* est l'art de produire les sons et de les combiner entre eux, de manière à charmer notre oreille et à émouvoir notre âme par leurs diverses modifications.

SON.

2. — En général, on appelle *son* tout ce qui frappe notre oreille.

SONS MUSICAUX.

3. — Les *sons musicaux* sont ceux que la voix fait entendre en chantant et ceux que produisent les instruments de musique.

LIGNES, PORTÉE MUSICALE.

4. — Pour écrire la musique, on emploie *cinq lignes horizontales* qui se comptent de bas en haut.

La réunion de ces cinq lignes se nomme *portée musicale.*

Elles sont ainsi disposées :

5
4
3
2
1

5. — On peut aussi ajouter de petites lignes additionnelles à l'aigu ou au grave, selon le besoin des voix ou des instruments.

EXEMPLE :

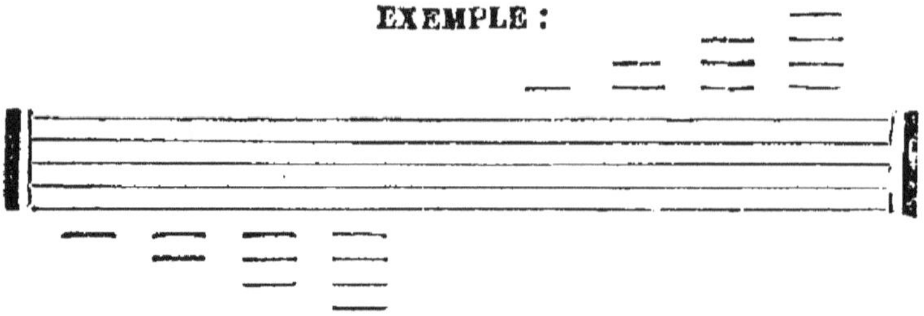

NOTES.

6. — On appelle *notes* les caractères qui servent pour écrire la musique et indiquer la durée des sons.

Il y en a sept dont voici les noms et les figures :

Ronde. Blanche. Noire. Croche. Double croche. Triple croche. Quadruple croche.

SILENCES.

7. — Les *silences* sont des signes qui remplacent les notes et qui indiquent que la voix ou l'instrument doit cesser d'exécuter pendant un temps égal à la valeur des notes dont ils tiennent la place. Il y en a aussi sept qui correspondent en valeur à chacune des sept notes. Les voici :

Pause. Demi-Pause. Soupir. Demi-soupir. Quart de soupir. Demi-quart de soupir. Seizième de soupir.

EXEMPLE DES NOTES AVEC LEURS SILENCES CORRESPONDANTS :

VALEUR DES NOTES.

8. — La vaut 2 ou 4 ou 8 ou 16 ou 32 ou 64

La vaut 2 ou 4 ou 8 ou 16 ou 32

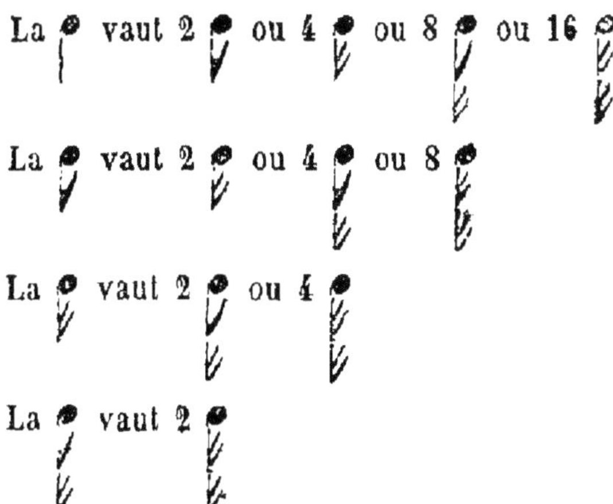

9. — REMARQUE. Les , les , les et les , quand il y en a plusieurs ensemble sur la même syllabe, peuvent être ainsi attachées :

10. — Toutes ces notes se posent sur les lignes et entre les lignes de la portée musicale.

NOTES POINTÉES.

11. — Quand il y a un point après une note ou un silence, ce point augmente cette note ou ce silence de la moitié de sa valeur, et quand il y a deux points de suite, le second vaut la moitié du premier.

EXEMPLE :

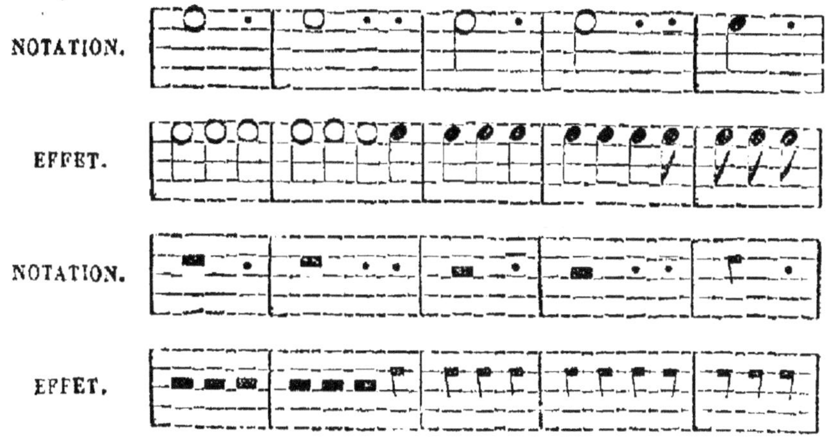

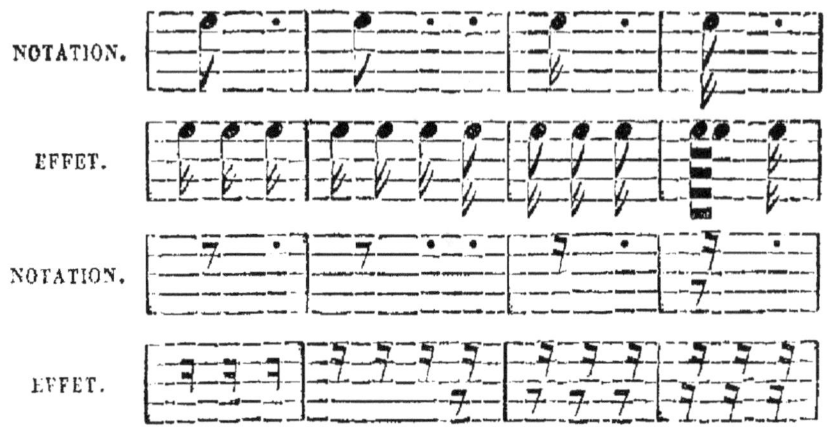

NOTES COULÉES.

12. — On appelle *notes coulées* deux ou plusieurs notes unies ensemble par ce signe ⁀ appelé trait de liaison.

SYNCOPE.

13. — Quand un son commence par un temps faible et se prolonge sur un temps fort, comme il semble heurter la mesure et marcher à contre-temps, on dit que ce son est *syncopé*, c'est-à-dire coupé par le temps fort : ainsi, on appelle syncope deux notes posées sur le même degré et unies d'une mesure à l'autre par un trait de liaison.

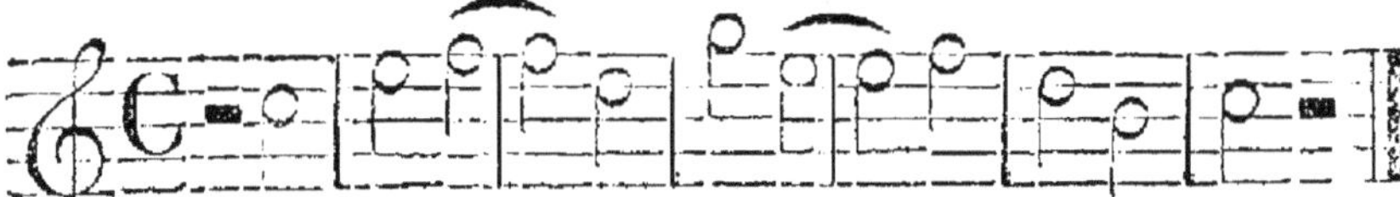

14. — Une ou plusieurs notes placées entre deux autres de moitié de valeur, sont aussi syncopées.

15. — La syncope est régulière quand les deux notes syncopées sont de même valeur, et elle est dite brisée quand les deux notes sont de valeurs inégales.

STACCATO OU NOTES DÉTACHÉES.

16. — Des points ronds ainsi figurés . . . . posés sur les notes ou dessous, indiquent qu'il ne faut donner à ces notes que la moitié de leur valeur, et quand ces points sont un peu allongés ᛁ ᛁ ᛁ ᛁ, on ne donne aux notes sur lesquelles ils sont placés que le quart de leur valeur :

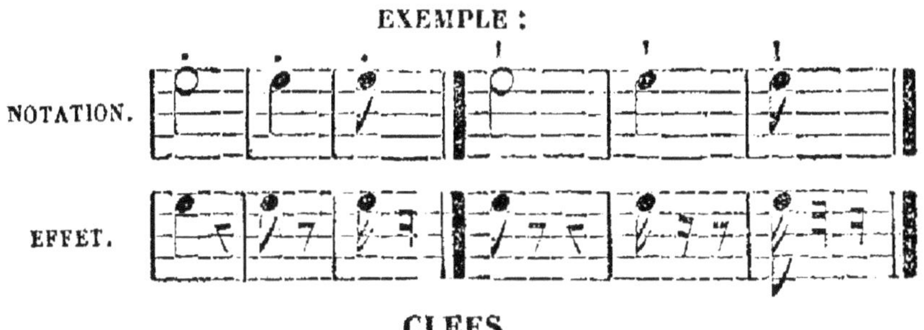

CLEFS.

17. — Les *clefs* sont des caractères que l'on place en tête d'un morceau de musique, pour indiquer les noms des notes sur la portée musicale. Il y a trois clefs : la clef de *sol* 𝄞 la clef d'*ut* 𝄡 et la clef de *fa* 𝄢

18. — Les clefs se posent toujours sur les lignes et jamais entre les lignes de la portée musicale.

19. — La clef de *sol* se pose sur la première et la seconde ligne.

20. — La clef d'*ut* se pose sur la première, la seconde, la troisième et la quatrième ligne.

21. — La clef de *fa* se pose sur la troisième et la quatrième ligne.

22. — La note posée sur la ligne de la clef en prend le nom, et l'on part de cette note pour nommer toutes les autres, tant au grave qu'à l'aigu.

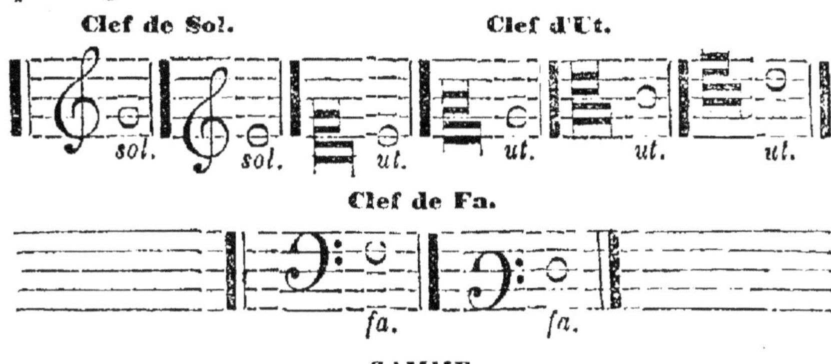

GAMME.

23. — On appelle *gamme* la suite naturelle de sept sons de la musique disposés selon l'ordre générateur des tons.

24. — Les sept sons de la musique se nomment ainsi : *ut* ou *do*, *ré*, *mi*, *fa*, *sol*, *la*, *si*.

25. — La gamme est composée de cinq tons naturels et de deux demi-tons également naturels, en y ajoutant l'octave qui est la répétition du premier son.

26. — Les deux demi-tons se trouvent entre *mi fa* et *si ut*.

RÈGLE GÉNÉRALE. Dans toutes les gammes majeures, les deux demi-tons se trouvent toujours du 3e. au 4e. degre et du 7e. au 8e. degré.

27. — La gamme qui procède par tons et demi-tons naturels, s'appelle *gamme diatonique*.

GAMME DIATONIQUE.

Exercices pour apprendre le nom du chaque note sur la portée avec la clef de Sol 2me. ligne.

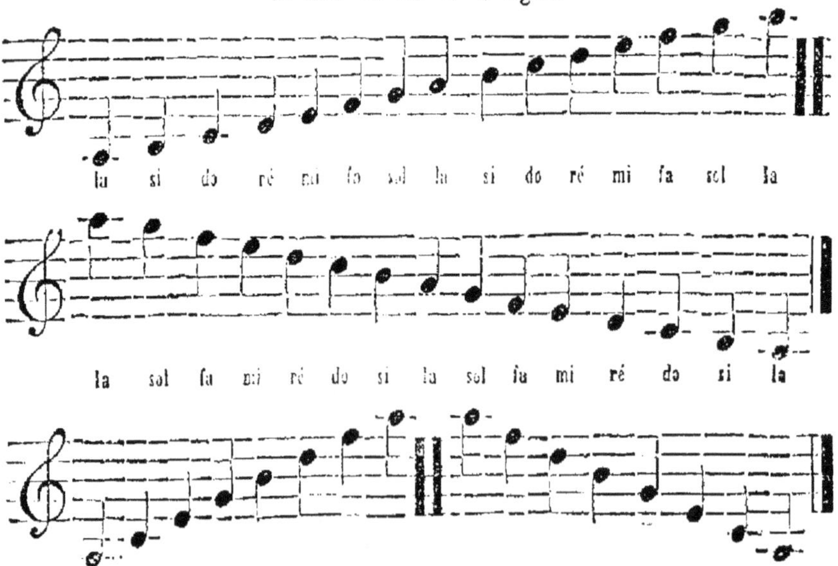

DEGRÉS CONJOINTS, DEGRÉS DISJOINTS.

28. — On nomme *degré* la position que chaque note de la gamme occupe dans la portée musicale. Les degrés sont *conjoints* quand ils se suivent diatoniquement en montant ou en descendant, comme *do, ré, mi*, etc.; *do, si, la*, etc.

Ils sont *disjoints* lorsqu'ils sont séparés, comme *do, mi, do, sol, fa, la*, etc.

INTERVALLES.

29. — Un *intervalle* est la distance d'un son à un autre. Les intervalles prennent différents noms selon leur grandeur; ainsi, deux notes posées sur le même degré s'appelle *unisson;* la distance d'une note à sa seconde s'appelle *une seconde;* d'une note à sa troisième, *une tierce;* d'une note à sa quatrième, *une quarte;* d'une note à sa cinquième, *une quinte;* d'une note à sa sixième, *une sixte;* d'une note à sa septième, *une septième;* d'une note à sa huitième, *une octave.*

Les intervalles qui ne dépassent pas l'octave sont appelés *intervalles simples*, et ceux qui dépassent l'octave s'appellent *intervalles composés*, et se désignent par les mots: *neuvième*, *dixième*, *onzième*, *douzième*, etc.

30. — Chaque intervalle, excepté l'octave, peut être *majeur* ou *mineur*. Un intervalle est *majeur*, lorsqu'il est aussi grand que possible sans être faux, c'est-à-dire lorsqu'il représente réellement la valeur numérique qui détermine son nom, et *mineur*, lorsqu'il est diminué d'un demi-ton.

MOYEN PRATIQUE POUR RECONNAITRE L'ESPÈCE DES INTERVALLES

31. — A partir de la première note d'une gamme majeure, tous les intervalles ascendants sont majeurs: ainsi les intervalles *do ré*, *do mi*, *do fa* (1), *do sol* (1), *do la*, *do si*, de la gamme d'*ut*, sont majeurs; par conséquent, tous les intervalles moins grands d'un demi-ton que ceux-ci sont mineurs. (Il y a exception pour la quarte qui, dans ce cas, s'appelle *diminuée*). Pour les exemples, voir les nos 113, 114, 115, 116, 117, 118.

32. — La *seconde majeure* est composée d'un ton, et la *seconde mineure* d'un demi-ton; la *tierce majeure*, de deux tons, et la *tierce mineure*, d'un ton et un demi-ton, la *quarte juste*, de deux tons et un demi-ton, et la *quarte majeure* ou *triton*, de trois tons; la *quinte juste*, de trois tons et un demi-ton, et la *quinte mineure*, de deux tons et deux demi-tons; la *sixte majeure*, de quatre tons et un demi-ton, et la *sixte mineure*, de trois tons et deux demi-tons; la *septième majeure*, de cinq tons et un demi-ton, et la *septième mineure*, de quatre tons et deux demi-tons; l'*octave* est toujours composée de cinq tons et deux demi-tons.

DE LA MESURE.

33. — On appelle *mesure de musique* toutes les notes ou les valeurs équivalentes, comprises entre deux traits perpendiculaires qu'on nomme *barres de mesures*. Toutes les mesures doivent être complètes, c'est-à-dire qu'elles doivent renfermer des valeurs équivalentes en notes ou en silences.

34. — *Battre la mesure*, c'est faire, à l'aide de la main ou du pied, des mouvements réguliers qui marquent la durée exacte des notes et des silences. Chacun de ces mouvements s'appelle *temps*.

35. — Il y a trois sortes de mesures, la *mesure à quatre temps*, la *mesure à trois temps* et la *mesure à deux temps*.

SIGNES DE MESURES.

36. — Les *signes de mesures* sont des caractères que l'on place en tête d'un morceau de musique, après la clef, pour indiquer le nom-

---

(1) Comme on le verra au no suivant, ces deux intervalles s'appellent *justes*.

bre de temps qu'il faut battre et la valeur des notes qui composent chaque mesure.

INDICATION DES SIGNES DE CHAQUE MESURE.

37. — La *mesure à quatre temps* se marque ainsi : C ou 4, $\frac{4}{2}$, $\frac{12}{4}$, $\frac{12}{8}$.

38. — La *mesure à trois temps* se marque ainsi : 3, $\frac{3}{1}$, $\frac{3}{2}$, $\frac{3}{4}$, $\frac{3}{8}$, $\frac{3}{16}$, $\frac{9}{2}$, $\frac{9}{4}$, $\frac{9}{8}$.

39. — La *mesure à deux temps* se marque ainsi : C ou 2, $\frac{2}{4}$, $\frac{2}{8}$, $\frac{6}{2}$, $\frac{6}{4}$, $\frac{6}{8}$.

40. — Les *mesures simples* sont celles qui sont marquées par un seul signe.

41. — Les *mesures composées* sont celles qui contiennent plus d'une ronde.

42. — Les *mesures dérivées* sont celles qui renferment moins d'une ronde.

43. — Dans les mesures marquées par deux chiffres, le second chiffre se prononce comme le premier, sans y ajouter la terminaison *ième*, comme dans les fractions ordinaires en arithmétique. Exemple : $\frac{6}{8}$, $\frac{2}{4}$, prononcez *mesure à six huit*, *mesure à deux quatre*, et ainsi des autres.

44. — Dans ces mêmes mesures, le chiffre inférieur indique l'espèce des notes, et le chiffre supérieur, le nombre des notes qui entrent dans chaque mesure ; ainsi, dans les deux mesures à $\frac{2}{4}$ et $\frac{6}{8}$, le chiffre supérieur 2 indique que la mesure est composée de deux fois le quart de la ronde ou de deux ♩ ou valeurs équivalentes. Le chiffre supérieur 6 indique qu'il faut six fois la huitième partie de la ronde ou six ♪ par mesure ou valeurs équivalentes, et ainsi des autres mesures.

EXEMPLES DE LA MESURE A QUATRE TEMPS.

MESURE SIMPLE.

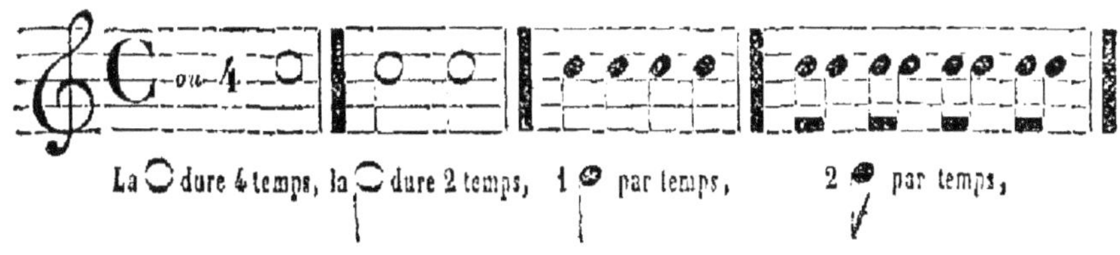

MESURES COMPOSÉES.

EXEMPLES DE LA MESURE A TROIS TEMPS.

MESURE SIMPLE.

MESURES COMPOSÉES.

MESURES DÉRIVÉES.

MESURES COMPOSÉES.

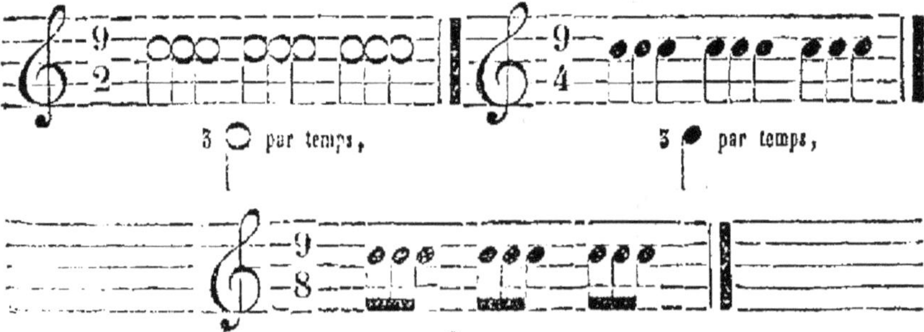

EXEMPLES DE LA MESURE A DEUX TEMPS.

MESURES SIMPLES. MESURE DÉRIVÉE.

(Cette mesure se bat aussi à 4 temps.)

MESURES COMPOSÉES.

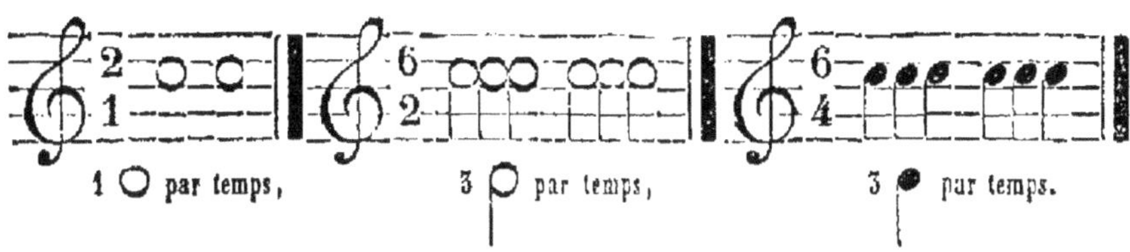

MESURES DÉRIVÉES.

45. — Quelquefois, la mesure à deux temps, d'un mouvement modéré, indiquée par ce signe C ou 2, renferme deux rondes par mesure ou valeurs équivalentes; c'est ce qu'on appelle la musique écrite A *Capella* ou *alla breve*, mais il faut toujours battre autant de mesures à deux temps qu'il y a de rondes. Cette sorte de mesure n'est généralement d'usage que dans la musique religieuse.

MESURES A TEMPS LONGS, MESURES A TEMPS BREFS.

46. — Les *mesures à temps longs* sont celles qui sont marquées par deux chiffres, comme $\frac{12}{4}$, $\frac{6}{8}$, $\frac{9}{2}$, etc., et dont les progressions rhythmiques des notes sont *ternaires*, comme trois ou trois ou trois ou trois par temps.

47. — Les *mesures à temps brefs* sont celles qui sont indiquées par un ou deux chiffres, comme C ou 2, $\frac{2}{4}$, $\frac{3}{4}$, etc., et dont les progressions rhythmiques des notes sont *binaires*, comme deux ou deux ou deux par temps.

48. — La différence rhythmique ou métrique qui existe entre la mesure à temps longs et la mesure à temps brefs, c'est que le

scandé (1) se fait sentir de trois en trois notes dans la mesure à temps longs, et de deux en deux notes dans la mesure à temps brefs.

49. — Toutes les mesures commencent toujours par le premier temps. Il arrive quelquefois, cependant, que le morceau de musique ne commence pas par le premier temps, alors il faut compter des silences jusqu'au temps par lequel commence le morceau.

50. — Quoique la durée de chaque temps d'une mesure soit la même, il y a cependant ce qu'on appelle les *temps forts* et les *temps faibles.*

51. — Les temps forts sont ceux qui sont frappés; ce sont les temps impairs, et les temps pairs sont faibles.

Exception. Le troisième temps de la mesure à trois temps est faible.

MANIÈRE DE BATTRE LA MESURE.

52. — La *mesure* se bat toujours avec la main droite ou avec le pied droit.

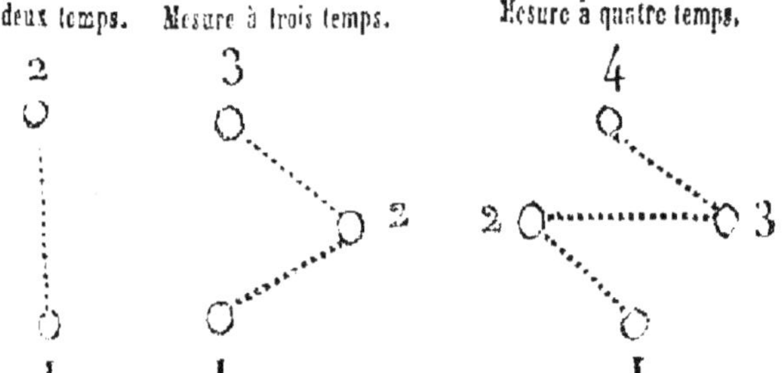

La *mesure à deux temps* se bat par deux mouvements égaux.

Dans la mesure à deux temps, le premier temps est fort et le second faible.

La *mesure à trois temps* se bat par trois mouvements égaux.

Dans la mesure à trois temps, le premier temps seul est fort, les deux autres sont faibles.

La *mesure à quatre temps* se bat par quatre mouvements égaux.

Dans la mesure à quatre temps, le premier et le troisième temps sont forts, le deuxième et le quatrième sont faibles.

DE QUELQUES AUTRES SIGNES DE MUSIQUE.

53. — Deux barres ainsi disposées ‖ pour marquer la fin ou la division d'un morceau de musique, s'appellent *barres de séparation.*

---

(1) *Scander* signifie appuyer la première note de chaque temps, distinguer les diverses articulations et les temps de chaque mesure, en marquant les différentes valeurs rhythmiques des progressions binaires ou ternaires des notes.

54. — On appelle *reprise* deux barres avec deux points; quand il y a des points des deux côtés, on répète ce qui précède et ce qui suit, alors la reprise est double; mais s'il n'y a des points que d'un côté, c'est ce côté là seulement qu'il faut dire deux fois, alors la reprise est dite simple.

55. — Quand à la fin d'une reprise il se trouve deux mesures surmontées des signes: 1re. *fois*, 2e. *fois*, cela indique qu'à la deuxième fois il faut sauter la première pour faire la seconde.

56. — On appelle *renvois*, des signes placés au commencement et à la fin d'un morceau de musique; ils indiquent qu'il faut recommencer au premier signe jusqu'au mot *Fin*.

57. — On donne le nom de *point d'orgue* à un point surmonté d'un arc de cercle et placé sur une note ou un silence; ce point indique qu'il faut suspendre la mesure et prolonger le son de la note ou la durée du silence plus ou moins longtemps. Quelquefois, après ce point se trouvent de petites notes qu'une partie seule exécute à volonté.

EXEMPLES DES SIGNES PRÉCÉDENTS.

TRIOLET.

58. — On appelle *triolet* trois notes qui se passent dans le même temps que deux autres de la même valeur, comme pour

pour etc. Ces trois notes sont surmontées d'un 3, et quand le triolet est double, il est marqué par un 6.

59. — Outre le triolet, on rencontre encore quelquefois dans la musique, 5, 6, 7 notes pour 4; 9, 10, 11, etc., pour 8, etc. Ces groupes sont toujours indiqués par un chiffre particulier.

60. — Les trois croches groupées en triolet dans la mesure à $\frac{2}{4}$, n'ont pas la valeur des trois croches de chaque temps de la mesure à $\frac{6}{8}$, car chaque croche du triolet n'est qu'un douzième de la ronde, tandis que chaque croche du $\frac{6}{8}$ est un huitième de la ronde.

APPOGIATURE ou Notes d'agrément. PORT-DE-VOIX ou portamento.

61. — L'*appogiature* est une petite note d'agrément que la voix, sans la nommer, fait sentir en coulant sur la note suivante. On donne à l'appogiature la moitié de la valeur de la note qui précède.

62. — Le *port-de-voix* s'exécute sur deux notes disjointes; il a pour objet de diminuer un peu la valeur de la première note, en glissant légèrement la voix sur la seconde. En exécutant le port-de-voix en montant, on passe du doux au fort, et en descendant, c'est le contraire, on passe du fort au doux. Il en est de même de l'appogiature.

APPOGIATURE.

PORT-DE-VOIX.

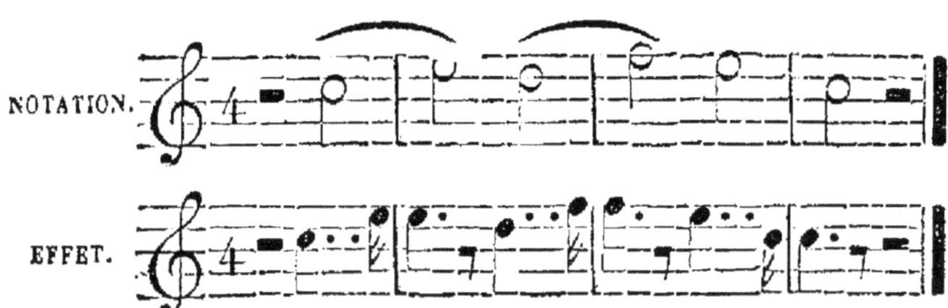

63. — La double croche diminuée sur la valeur de la première note, est ajoutée, par anticipation, à la seconde, c'est pourquoi la seconde est figurée par une noire pointée, suivie d'un demi-soupir.

TRILLE, FIORITURE.

64. — Le *trille* est le passage rapide et réitéré d'une note quelconque à sa seconde. On le marque par cette abréviation : *Tr.*

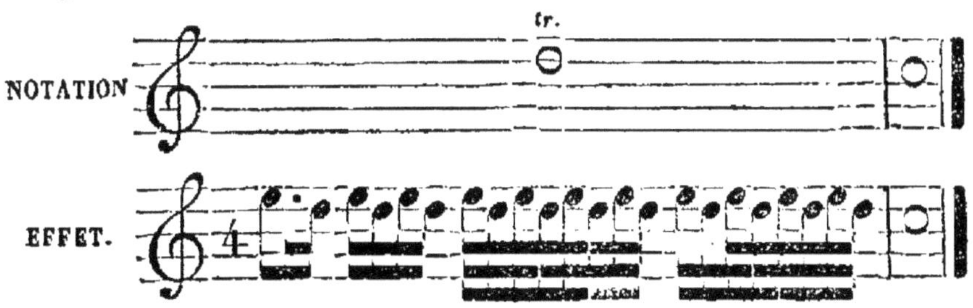

65. — Quelquefois, le trille n'est pas achevé, et s'opère sur des notes de peu de durée, alors on l'appelle *mordant*, il s'indique par ce signe : ∾

66. — On donne le nom de *fioriture* à toute espèce d'agrément que peut exécuter la flexibilité du gosier, et que le chanteur habile improvise pour orner la mélodie.

67. — Quand les notes d'une mesure doivent se répéter, au lieu de les écrire plusieurs fois de suite, on place à la fin autant de petites barres obliques que ces notes doivent être répétées de fois. Ces petites barres s'appellent *barres de répétition*.

MOUVEMENTS.

68. — On appelle *mouvement*, le degré de vitesse ou de lenteur que donnent à la mesure le caractère et l'expression d'un morceau de musique.

69. — Il y a des mouvements lents, des mouvements vifs et des mouvements modérés entre les plus lents et les plus vifs.

70. — Les mouvements sont indiqués par les mots italiens suivants, que l'on place en tête du morceau de musique, au-dessus de la portée.

MOUVEMENTS PRINCIPAUX.

Largo ou *gravo* ou *lento* . . .	lentement et gravement. (C'est le plus lent de tous les mouvements).
Larghetto . . .	un peu moins lent que le largo.
Adagio.	à l'aise, posément.
Andante. . . .	doucement, gracieusement.
Andantino. . .	un peu moins lent que l'andante.
Allegretto . . .	gaîment, gracieusement.
Allegro ou *all°*.	gai, vif.
Presto.	vif et rapide.
Prestissimo. . .	très-vif et très-rapide. (C'est le plus vif de tous les mouvements).

71. — Cependant ces mots n'indiquent pas avec une grande précision le mouvement que le compositeur a voulu donner à sa production, car il existe souvent une grande différence de nuance entre l'*andante* de tel exécutant et l'*andante* de tel autre, ce qui fait que la fantaisie des exécutants dénature quelquefois, par un mouvement ou trop lent ou trop précipité, le caractère et les nuances que le compositeur a imprimés à sa composition; et c'est pour obvier à cet inconvénient grave que l'on a inventé une machine fort simple, appelée *Métronome de Maëlzel* (nom de l'inventeur). Cette machine est composée d'un balancier dont chaque vibration produit un bruit sensible à l'oreille, et, au moyen de l'allongement ou du raccourcissement de ce balancier, à la hauteur d'un des chiffres qui déterminent le degré de vitesse ou de lenteur du mouvement que l'on veut donner à la mesure, on peut représenter, dans son ensemble et dans ses détails, tout le système de la division du temps en musique.

72. — Dans le métronome, la minute est prise pour unité de temps, et quand on veut marquer le mouvement d'un morceau de musique, on écrit en tête de ce morceau un nombre précédé d'une note, et ce nombre indique combien il faut faire de notes de sa valeur dans une minute. Ainsi, l'indication suivante (♩ = 60 métr.) signifie qu'il faut faire 60 noires dans une minute. C'est le mouvement du *larghetto*. Cette autre indication (♩ = 84 métronome) signifie qu'il faut faire 84 noires dans une minute. C'est le mouvement de l'*allegro moderato*, etc.

73. — Les personnes qui n'auraient pas cette machine ingénieuse, ou qui ne pourraient pas se la procurer, pourront se servir des moyens suivants: on donne à chaque temps du *largo*, la durée d'une seconde et demie et quelquefois de deux secondes; à l'*adagio*, d'une

seconde; à l'*andante*, de trois quarts de seconde; à l'*allegro*, d'une demi-seconde; au *presto*, d'un tiers de seconde; au *prestissimo*, d'un quart de seconde. La durée des autres mouvements se calcule proportionnellement à ceux ci-dessus énoncés.

Diverses modifications que l'on ajoute aux Mouvements principaux; Caractères de nuances et d'expression; Signes d'intensité.

Mots italiens.	Signification en français.
Ad libitum	à volonté.
Affectuoso.	affectueusement.
Al segno	au signe.
Ben marcato	bien marqué.
Bis	deux fois.
Cantabile ou cantando . .	chantant avec goût.
Commodo.	commode.
Crescendo ou *cresc.* . . .	en augmentant du faible au fort.
Decrescendo ou *decresc.* .	en diminuant du fort au faible.
Dolce ou *dol.* ou *D*. . . .	doucement avec grâce.
Dolcissimo ou *DD*.	très-doucement.
Forte ou *f*.	fort.
Fortissimo ou *ff.* ou *fff.* .	très-fort.
Forto piano ou *f. p.* . . .	un son fort suivi d'un doux.
Moderato.	modérément.
Piano ou *p*.	doux.
Pianissimo ou *pp.* ou *ppp.*	très-doux.
Piano forte ou *p. f.* . . .	un son doux suivi d'un fort.
Piu lento.	plus lent.
Religioso	religieusement.
Tacet.	silence absolu d'une partie.
Tempo di marcia.	mouvement de marche.
Tempo giusto.	temps juste, ni trop lent ni trop vif.
>	ce signe indique qu'il faut diminuer progressivement le son.
<	ce signe indique qu'il faut augmenter progressivement le son.
<>	ce signe indique qu'il faut augmenter progressivement le son jusqu'au milieu, et ensuite le diminuer de la même manière.

VOIX.

Diapasons des diverses voix d'Hommes, de Femmes et d'Enfants.

74. — On appelle *voix* en musique, le son qui sort de la bouche du chanteur.

75. — La voix humaine, dit un célèbre compositeur (Castil-Blaze), est le plus beau moyen d'exécuter que la musique possède; les instruments n'ont été inventés que pour l'imiter ou l'accompagner. Pareils aux esclaves qui précèdent ou suivent leur maître, les instruments ne font entendre leurs accents au théâtre que pour annoncer le chanteur ou pour lui servir de cortége.

76. — La voix, dit un autre auteur, tient le premier rang parmi les agents de la musique, non-seulement à raison de la facilité que la nature donne à chacun de s'en servir sans étude, mais encore parce que la voix est, de tous les instruments de musique, le plus fécond, le plus riche, le plus puissant, le plus varié, le plus ravissant de ses produits. (Fournier).

77. — L'étendue d'une voix du grave à l'aigu est appelée *diapason* (1).

78. — Le diapason d'une voix ordinaire est de douze à treize notes diatoniques. Les voix exercées font quelquefois jusqu'à deux octaves et plus.

79. — Il y a six sortes de voix qui sont: le *premier dessus*, le *second dessus*, le *contralto*, le *tenor*, le *baryton* et la *basse*.

80. — Les deux premières sont particulières aux femmes et aux enfants; le contralto est commun aux deux sexes; le tenor, le baryton et la basse appartiennent exclusivement aux hommes.

81. — Le contralto est la basse des femmes et des enfants, c'est-à-dire, qu'il est pour les femmes et les enfants ce que la basse est pour les hommes, et dans l'aigu, le contralto est pour les hommes ce que le premier dessus est pour les femmes et les enfants.

82. — Ces six voix ont encore d'autres noms qui seront indiqués dans la portée générale.

---

(1) On donne aussi ce nom à un petit instrument d'acier, dont la vibration donne le son *la*.

PORTÉE GÉNÉRALE DE ONZE LIGNES

renfermant le Diapason de chaque Voix avec sa clef respective.

Le diapason général des Voix renferme vingt-trois sons diatoniques du *fa* grave de la clef de *fa* au *sol* aigu de la clef de *sol*.

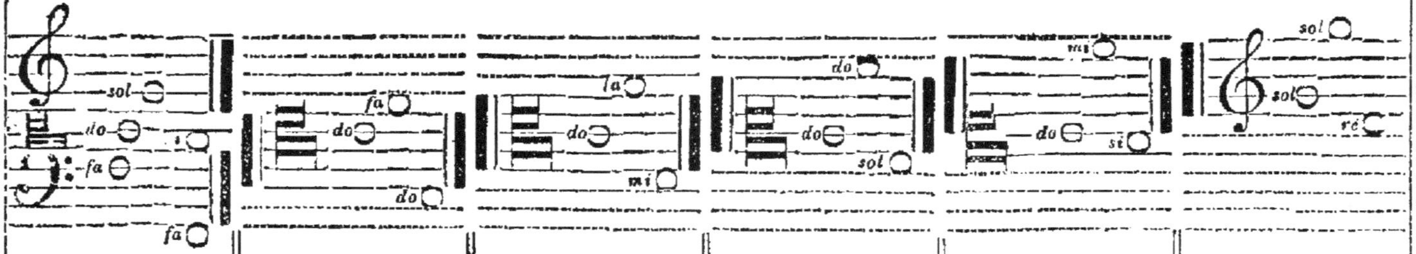

Baryton, Basse-taille, Basse, Basse-contre.	**Second tenor, Taille.**	**Contralto, Premier tenor, Haute-taille.**	**Contralto ancien, Haute-contre, Mezzo-soprano.** *Cette Clef est peu usitée.*	**Second dessus, Soprano secondo.**	**Premier dessus, Soprano primo.**

83. — On remarquera dans cette grande portée que l'*ut* de la clef d'ut, l'*ut aigu* de la clef de fa, et l'*ut grave* de la clef de sol sont identiques, et de plus que ce même *ut* est aigu pour les hommes et grave pour les femmes et les enfants. Ainsi, les hommes qui lisent les parties de dessus, chantent naturellement une octave plus bas que la musique n'est écrite, et les femmes et les enfants qui lisent les parties de basse et de tenor, chantent aussi naturellement une octave plus haut que la musique n'est écrite.

84. — Remarque. La clef d'ut est rarement employée dans la musique; on trouve presque toujours les parties de tenors écrites sur la clef de sol deuxième ligne, afin de rendre la lecture de la musique plus facile aux élèves et aux amateurs, car la clef de sol est généralement plus connue que la clef d'ut.

85. — Les instruments correspondant aux six sortes de voix, sont, pour la *basse*, la contre-basse, le serpent, l'ophicléïde, le violoncelle et le trombonne; pour le *baryton*, le basson, l'alto et le baryton; pour les *tenors*, le premier et le second cor; pour le *contralto*, les trompettes et le cornet à piston; pour les *dessus*, la clarinette, le violon, la flûte et le hautbois.

86. — Quelques-uns de ces instruments, par leur étendue, peuvent faire plusieurs parties. Il y a aussi des instruments qui font toutes les parties, tels sont l'orgue, le piano, la harpe, etc., et généralement tous les instruments à clavier, dont l'étendue va jusqu'à six octaves et demie et même sept octaves.

ACCORD.

87. — On nomme *accord* l'émission simultanée de certains sons et formant ensemble une harmonie régulière.

88. — L'union des notes **1**, **3**, **5**, **8** d'une gamme s'appelle *accord parfait*. Dans la gamme d'*ut;* ce sont les notes *ut*, *mi*, *sol*, *ut*.

HARMONIE.

89. — On appelle *harmonie* la résonnance simultanée de plusieurs sons qui flattent l'oreille. C'est aussi la science qui établit des règles certaines et précieuses à l'oreille pour la production et l'emploi des accords.

CHOEUR.

90. — Un *chœur* est une composition musicale à une ou plusieurs parties, et dont chaque partie est rendue par un certain nombre d'exécutants.

PARTITION.

91. — On appelle *partition* l'ensemble de toutes les parties d'une composition musicale, rangées les unes au dessous des autres, selon la nature de leur diapason, et de manière à ce qu'on puisse voir mesure par mesure tout ce qui doit s'exécuter en même temps.

CHORISTE.

92. — On nomme *choriste* l'artiste qui ne chante que dans les chœurs.

CHEF D'ATTAQUE.

93. — Celui qui, dans une exécution musicale, est chargé de diriger les parties, s'appelle *chef d'attaque*.

CORYPHÉE.

94. — Le *coryphée* est le chef qui dirige l'ensemble du chant dans les chœurs et qui chante les solos qui s'y rencontrent.

MÉLODIE.

95. — Une *mélodie* est une succession de sons qui, sans former d'accords, et au moyen des intervalles, des valeurs, du rhythme, des modulations, des cadences et de la mesure, offrent un sens musical agréable à l'oreille.

CHANT.

96. — Le *chant* est une suite d'inflexions de la voix agréables à l'oreille, qui procèdent par des intervalles admis dans la musique et selon les règles de la modulation.

97. — Chanter, c'est former avec la voix des sons variés et agréables à l'oreille, en prononçant des paroles.

98. — Vocaliser, c'est chanter sur une voyelle ou une syllabe, comme *a, a, a* ou *la, la, la*, pour égaliser la voix dans tous ses tons.

99. — La vocalisation est l'action de vocaliser, et la vocalise est la musique écrite pour ce genre d'exécution.

100. — Solfier, c'est chanter en nommant par leurs noms toutes les notes d'un morceau de musique.

101. — La solmisation est l'action de solfier, et l'on appelle *solfége* les recueils de musique vocale dans lesquels les leçons sont classées graduellement selon les difficultes de l'intonation, de la mesure et des diverses nuances admises dans le chant.

102. — L'étude du solfége est le moyen le plus propre pour rendre les élèves habiles lecteurs de la musique; par ce genre d'exercice, il leur est possible de voir en peu de temps un grand nombre de morceaux, et de vaincre toutes les difficultés de l'intonation et de la mesure. L'étude du solfége est aussi nécessaire à l'instrumentiste qu'au chanteur, afin de pouvoir l'un et l'autre lire correctement et rapidement, à première vue, toute espèce de musique.

103. — Faire la lecture rhythmique, c'est prononcer en mesure et avec leurs valeurs, toutes les notes d'un morceau de musique, sans intonation musicale.

Ce genre d'exercice est très-utile pour habituer les élèves à nommer les notes en mesure et avec rapidité; il est même indispensable aux commençants, pour bien apprendre à solfier, un morceau difficile.

Ainsi, dans tous les exercices qui vont suivre, la lecture rhythmique devra toujours précéder la solmisation.

104. — On appelle *solo*, un morceau de musique composé pour une voix seule ou pour un instrument.

Duo, un morceau chanté par deux voix seulement ou joué par deux instruments.

Trio, celui qui est chanté par trois voix ou joué par trois instruments.

Quatuor, celui qui est chanté par quatre voix ou joué par quatre instruments.

Quintetto, celui qui est chanté par cinq voix ou joué par cinq instruments.

Sextuor ou *sestetto*, celui qui est chanté par six voix ou joué par six instruments.

Septuor ou *sittetto*, celui qui est chanté par sept voix ou joué par sept instruments.

Passé ce nombre, quelle que soit la quantité des parties, on dit *chœur* si ce sont des voix seulement qui exécutent la partition, et *symphonie* si ce sont des instruments. On dit également *chœur* quel que soit le nombre de parties que renferme la partition, si chaque partie est exécutée par plusieurs chanteurs.

105. — On donne le nom de *musique vocale* à la musique écrite pour la voix, et celle qui est composée pour les instruments s'appelle *musique instrumentale*.

Seconde Section.

SOLFÈGE.

LEÇONS PAR SECONDES.

106. — Dans la gamme, il y a cinq secondes majeures et deux secondes mineures; les deux secondes mineures sont entre *mi fa* et *si ut*.

EXEMPLE :

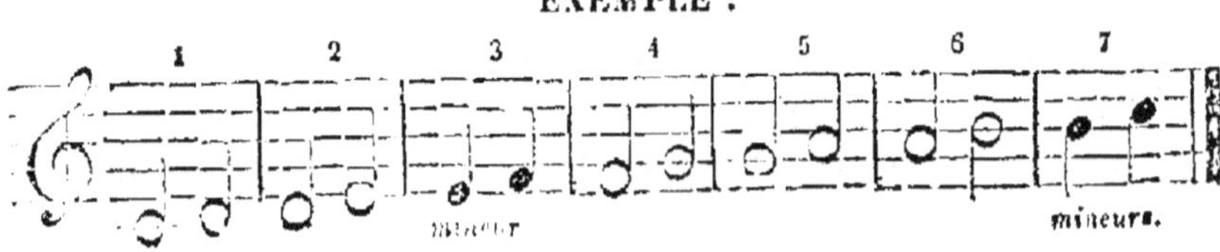

ACCORD PARFAIT.

GAMME EN RONDES.

ACCORD PARFAIT.

GAMME EN BLANCHES.

ACCORD PARFAIT.

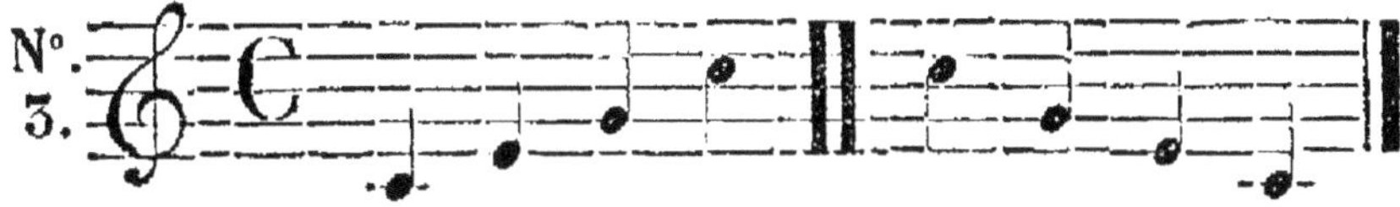

GAMME EN NOIRES.

NOTA. Il est important que les élèves fassent l'accord parfait et la gamme avant de commencer chaque leçon.

N°. 4.
N°. 5.
N°. 6.

N°. 7.
N°. 8.
N°. 9.

LEÇONS PAR TIERCES.

107. — Dans la gamme, il y a trois tierces majeures et quatre tierces mineures; les trois notes *ut*, *fa*, *sol* ont seules leurs tierces majeures en notes naturelles.

EXEMPLE :

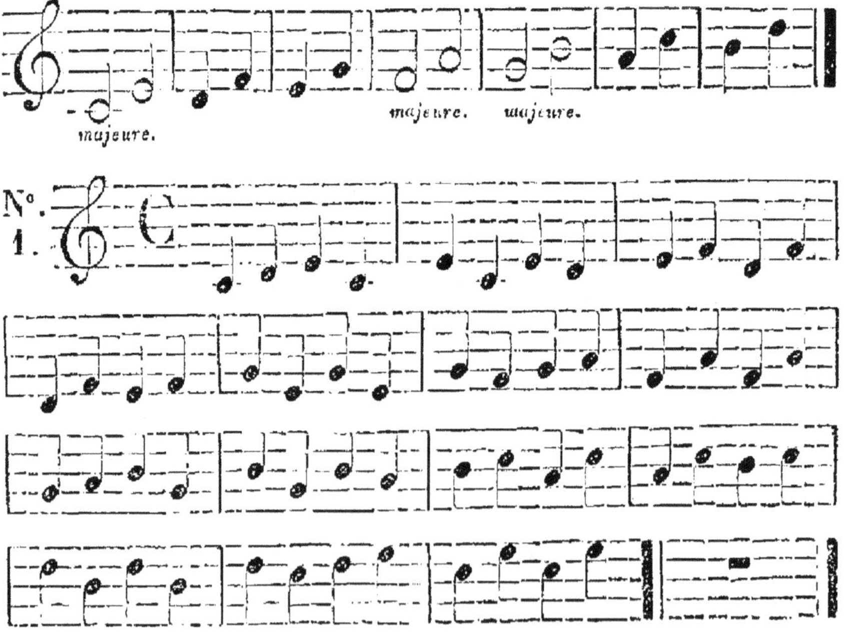

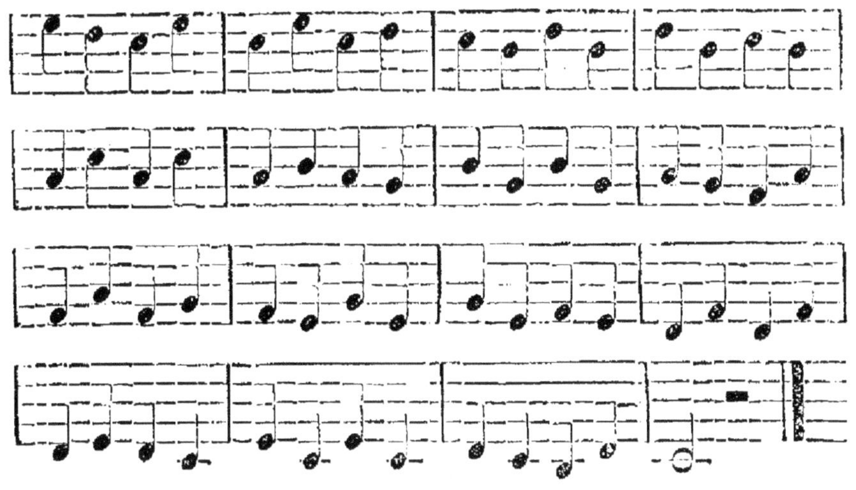

CHANT DES TIERCES.

Andantino. Dieu tout charmant, etc.

N°. 2.

1re. *fois.* 2e. *fois.*

Allegro. Vive Jésus! c'est le cri, etc.

N°. 3.

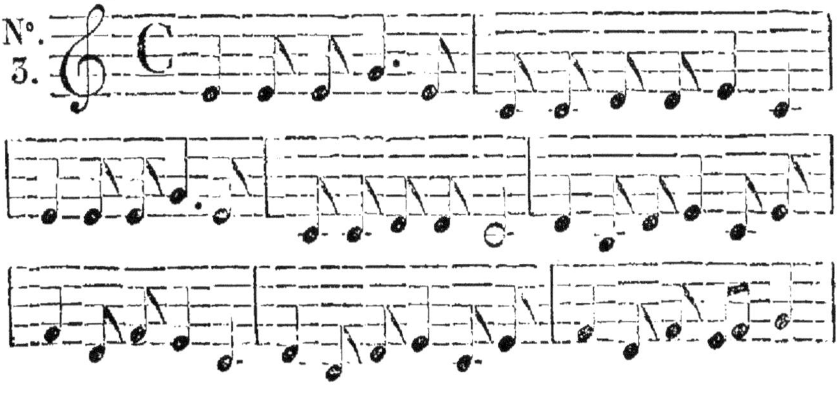

LEÇONS PAR QUARTES.

108. — Dans la gamme, il y a six quartes justes et une quarte majeure ou triton, *fa, si.*

EXEMPLE :

1 2 3 4 5 6 7

triton.

N°. 1.

CHANTS DES QUARTES.

LEÇONS PAR QUINTES.

109. — Dans la gamme, il y a six quintes justes et une quinte mineure, *si*, *fa*.

EXEMPLE :

CHANTS DES QUINTES.

LEÇONS PAR SIXTES.

110. — Dans la gamme, il y a quatre sixtes majeures et trois sixtes mineures; les notes *ut, ré, fa, sol,* ont seules leur sixte majeure en notes naturelles.

EXEMPLE :

CHANTS DES SIXTES.

LEÇONS PAR SEPTIÈMES.

111. — Dans la gamme, il y a deux septièmes majeures et cinq septièmes mineures. Les deux notes *ut* et *fa* ont seules leur septième majeure en notes naturelles.

EXEMPLE :

CHANTS DES SEPTIÈMES.

LEÇONS PAR OCTAVES.

112. — L'octave est toujours juste et contient cinq tons et deux demi-tons.

EXEMPLE :

CHANTS DES OCTAVES.

Andantino. Dès que je vois reparaître, etc.

N°. 2.

Andante. Que mon sort a de charmes!

N°. 3.

MESURE A TROIS TEMPS.

Andante. Ce bas séjour, etc.

N°. 1.

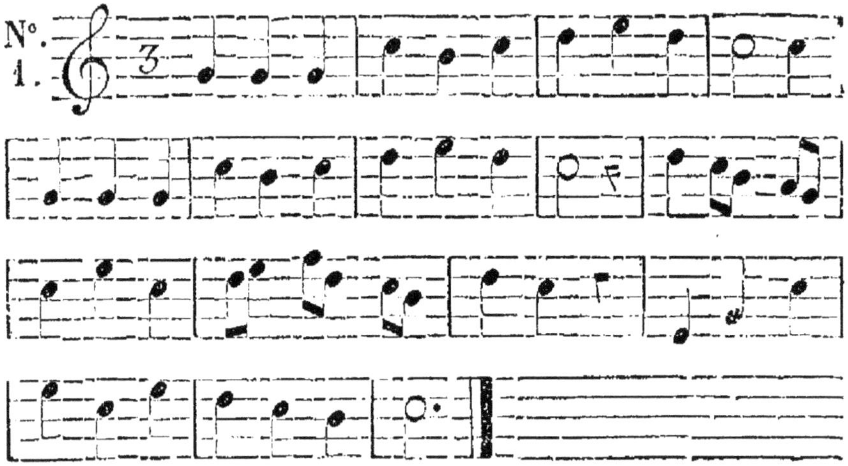

Moderato. La mort peut de son ombre, etc.

N°. 2.

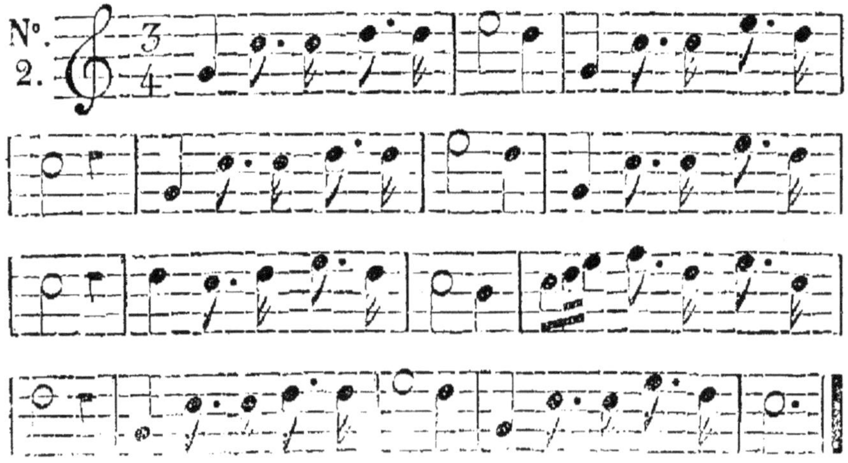

Moderato. Qu'il est admirable le nom du Seigneur!
N°. 3.
3/8
MESURE A DEUX TEMPS.
Moderato. Il me semble le voir, etc.
N°. 1.
2
Moderato. Puissant Roi des Rois, etc.
N°. 2.
2/4

Andante.
O divine enfance, etc.
N°. 3.
6
8
Exercice pour apprendre à lire la Musique sur la Clef de Fa 4me. ligne
mi fa sol la si do ré mi fa sol la si do
do si la sol fa mi ré do si la sol fa mi
ligne.
interligne.

RÉCAPITULATION.

FIN DE LA PREMIÈRE PARTIE.

SECONDE PARTIE.

Première Section.

THÉORIE.

Origine et ordre générateur des Sons de la Gamme diatonique.

113. — Il est démontré en physique que la vibration d'une corde métallique donne, dans sa résonnance, la *tierce,* la *quinte* et aussi l'*octave,* mais dans le rapport suivant, savoir. la *quinte renversée* à la douzième, et la *tierce* à la dix-septième, de sorte que ces deux derniers sons, étant transposés à leur octave grave, donnent, avec l'octave du son fondamental, un accord composé de tierce majeure et quinte juste. Et c'est cet accord, produit par la nature, que l'on appelle *accord parfait.* Trois accords ainsi produits à distance de quinte, donnent, par la transposition et leur réunion sur la même portée, les huit sons de l'octave dans l'ordre naturel et diatonique de la tonalité moderne. Un exemple à l'appui de ce qui précède, achèvera d'éclaircir et de rendre palpable, ce qui pourrait paraître obscur pour le lecteur, dans l'énoncé de ce principe, soit proposé, pour exemple, de constituer la gamme d'*ut* (qui est la gamme modèle pour toutes les gammes majeures). Pour cela faire, il faut d'abord mettre en vibration une corde métallique qui donne le *fa* grave de la basse; alors, si l'on écoute avec attention le son produit par cette corde, outre le son fondamental *fa*, on y distinguera encore plusieurs autres sons plus aigus, qui seront le *fa* octave, l'*ut* douzième et le *la* dix-septième.

114. — Ces trois derniers sons qui co-existent ainsi avec le *fa* grave, sont appelés les *harmoniques* de ce son fondamental.

1er. EXEMPLES : 2me.

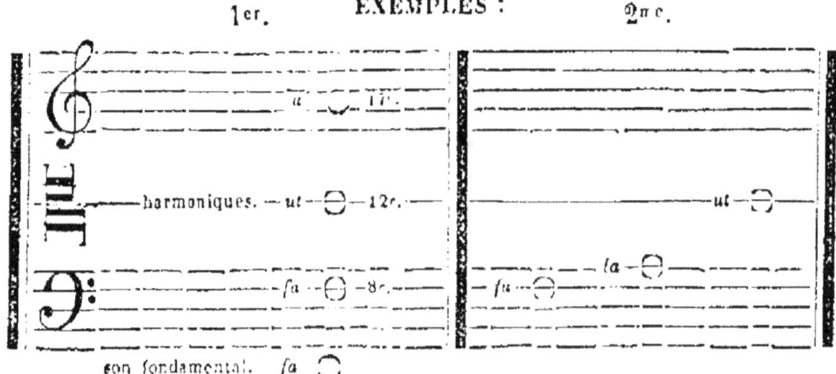

115. — En transposant le *la* dix-septième (1er. ex.) à son octave grave, il devient la dixième du son fondamental, et l'on a l'accord parfait de *fa* qui est *fa, la, ut* (2me. ex.)

116. — De même si l'on prend pour son fondamental l'*ut*, quinte de l'accord de *fa*, et qu'on le fasse vibrer à sa double octave grave, on obtiendra ainsi l'accord parfait d'*ut* de la même manière que le précédent.

EXEMPLES : 1er. 2me.

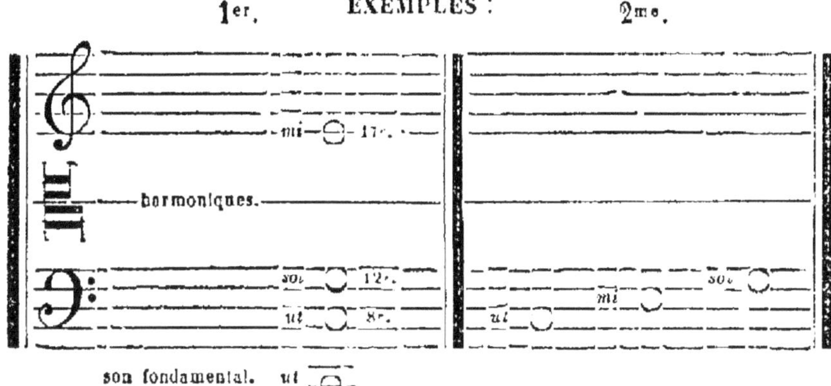

117. — En transposant, comme dans l'accord précédent, le *mi* dix-septième (1er. ex.) à son octave grave, il devient la dixième du son fondamental, et l'on a l'accord parfait d'*ut* qui est *ut*, *mi*, *sol* (2me. ex.)

118. — Maintenant, en partant du *sol*, quinte du dernier accord, et le faisant vibrer à son octave grave, on obtient l'accord parfait de *sol*, produit de la même manière que les deux precédents.

EXEMPLES : 1er. 2me.

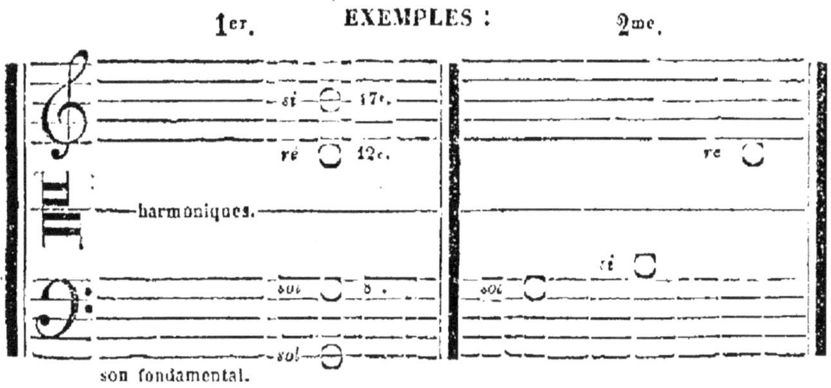

119. — En transposant encore comme dans l'exemple précédent, le *si* dix-septième (1er. ex.) à son octave grave, on a également l'accord parfait de *sol* qui est *sol, si, ré* (2me. ex.)

120. — On demandera peut-être pourquoi dans la production des trois générateurs, on ne part point directement de la quinte

du premier pour produire le deuxième, et de la quinte du deuxième pour produire le troisième sans les transposer au grave. En voici la raison : c'est que, transposées au grave, ces deux quintes produisent des harmoniques beaucoup plus sensibles, et par conséquent plus faciles à distinguer à l'oreille, ce qui n'est pas un petit avantage. De plus, les trois accords ainsi produits ne sortent pas de la même portée musicale, et chacune de leurs notes se trouve naturellement placée sur le degré qu'elle doit occuper dans la gamme, tandis que si l'on eut fait vibrer les quintes sans les transposer, d'abord les harmoniques eussent été très-faibles, ensuite les accords se fussent trouvés à une grande distance les uns des autres, et il eût fallu transposer chacun d'eux au degré convenable pour faire le rapprochement dont il va être parlé.

121. — Cette expérience curieuse offre un résultat très-remarquable, c'est que les trois accords qu'elle a produits étant rapprochés, fournissent, à eux seuls, les huit sons de la gamme dans l'ordre naturel et diatonique de la tonalité moderne.

EXEMPLES :

ACCORDS GÉNÉRATEURS.

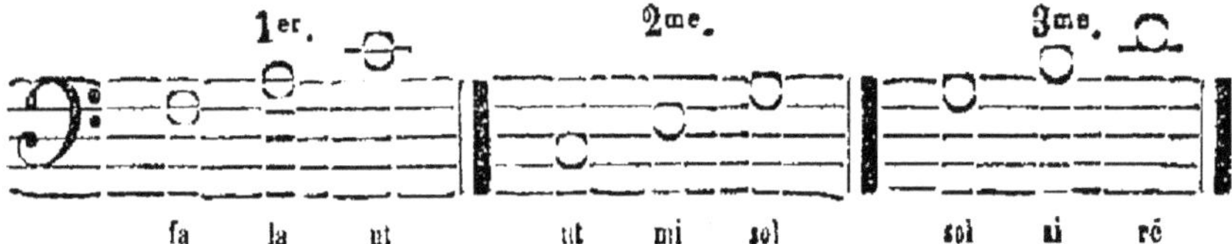

GAMME D'UT PRODUITE PAR LE RAPPROCHEMENT DES TROIS ACCORDS GÉNÉRATEURS.

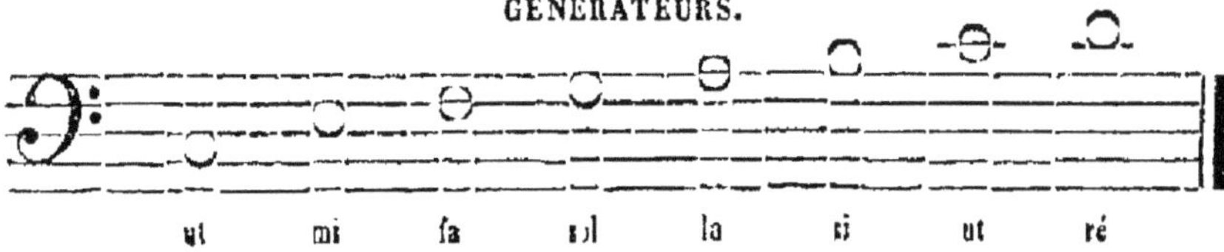

122. — On remarquera, sans doute, que le *ré* ne se trouve pas à la place qu'il doit occuper, mais transposé à son octave grave, il devient le second du ton, et la gamme est définitivement constituée. C'est aussi pour cette raison que dans la gamme chiffrée, le *ré* est désigné par les chiffres 2 et 9 comme quinte de la dominante.

GAMME D'UT NATUREL MAJEUR.

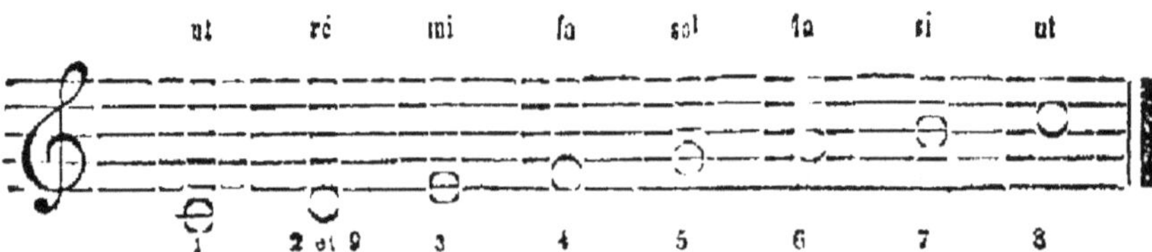

123. — Ainsi de l'expérience qui précède, on déduit cette conséquence, que toute gamme majeure est le produit harmonique des trois notes désignées par les chiffres 1, 4, 5, qu'on appelle *notes génératrices* d'une gamme. Dans la gamme d'*ut*, comme on vient de le voir, ce sont les notes *ut*, *fa*, *sol*.

124. — Il faut remarquer, en outre, que dans chacun des trois accords qui ont produit la gamme, la première tierce est majeure et la quinte, juste.

ORDRE GÉNÉRATEUR DES DIÈSES.

125. — Actuellement si l'on veut continuer la succession des accords de la même manière que l'on a fait pour les accords précédents, il faudra nécessairement partir du *ré*, quinte du dernier des trois accords déjà trouvés, mais on voit de suite que sa première tierce *ré*, *fa* est mineure, alors pour la rendre majeure comme les autres, il faut élever le *fa* d'un demi-ton. Pour cela, on a inventé un signe de cette forme ♯ qu'on appelle *dièse*, et dont la propriété est d'élever d'un demi-ton l'intonation musicale d'un son. Or, le *fa* étant diésé, on a l'accord parfait *ré*, *fa* ♯, *la*, qui est tout-à-fait semblable aux trois autres. De même on partant du *la*, quinte de ce dernier accord, on voit qu'il faut également diéser l'*ut* pour avoir la première tierce majeure, et l'on a l'accord parfait de *la*, qui est *la*, *ut* ♯, *mi*, etc.

126. — Ainsi l'on va voir, dans la série des accords de l'exemple suivant, se produire tous les dièses dans un ordre régulier et invariable, de quinte en quinte ascendante à partir du *fa*.

Nota. Les notes diésées qui paraîtront pour la deuxième et la troisième fois seront marquées en noires.

EXEMPLE :

127. — Dans ces sept accords, on voit tous les dièses se produire dans l'ordre suivant : *fa*, *ut*, *sol*, *ré*, *la*, *mi*, *si*, et si l'on recommençait la même série d'accord à la huitième mesure, le *fa* serait alors affecté d'un nouveau signe appelé *double-dièse*, et dont la propriété est d'élever de deux demi-tons l'intonation musicale d'un son, et l'on verrait également les doubles dièses se produire dans le

même ordre que les dièses; en sorte qu'étant parvenu au treizième accord, on se retrouverait par enharmonie, à l'unisson du premier.

ORDRE GÉNÉRATEUR DES BÉMOLS.

128. — Comme dans les accords ascendants la première tierce est majeure et la seconde mineure, il s'en suit que dans les accords descendants c'est le contraire, la première tierce est mineure et la seconde majeure.

129. — Cela posé, si l'on part du *fa*, première note de l'accord primitif, on verra les bémols se produire dans un ordre régulier et invariable de quinte en quinte descendante à partir du *si*.

130. — En effet, la tierce de *fa*, *ré* est mineure, mais celle de *ré*, *si* l'est aussi, alors pour la rendre majeure, il faut nécessairement baisser le *si* d'un demi-ton. C'est ce que l'on fait en plaçant devant cette note ce signe ♭ appelé *bémol*, dont la propriété est de baisser d'un demi-ton l'intonation musicale d'un son. Alors on a l'accord descendant, *fa*, *ré*, *si* ♭, pareillement en partant du *si* ♭, on voit qu'il faut également bémoliser le *mi* pour avoir l'accord descendant *si* ♭, *sol*, *mi* ♭.

131. — Ainsi l'on va voir, dans la succession des accords qui vont suivre, se produire tous les bémols dans un ordre inverse de celui des dièses.

Nota. Toutes les notes bémolisées qui paraîtront pour la deuxième et la troisième fois seront marquées en noires.

EXEMPLE :

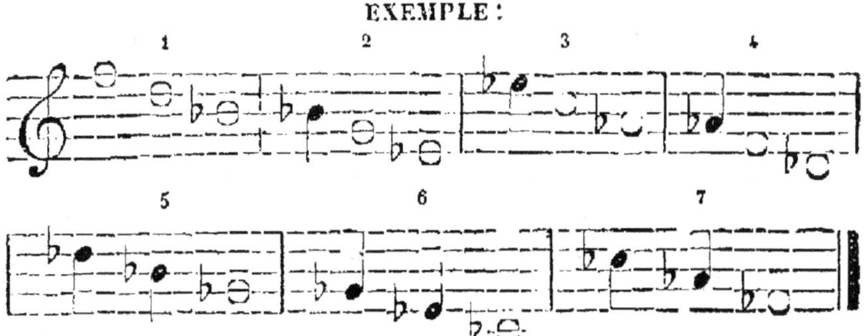

132. — Dans ces sept accords, on voit tous les bémols se produire dans l'ordre suivant : *si*, *mi*, *la*, *ré*, *sol*, *ut*, *fa*, et si l'on recommençait la même série d'accords à la huitième mesure, le *si* serait alors affecté d'un nouveau signe appelé *double bémol*, et dont la propriété est de baisser de deux demi-tons l'intonation musicale d'un son, et l'on verrait également les doubles bémols se reproduire dans le même ordre que les bémols; en sorte qu'étant parvenu au treizième accord, on se retrouverait par enharmonie, à l'unisson du premier.

Ordre dans lequel les Dièses et les Bémols sont placés à la Clef.

133. — Quand on veut détruire l'effet du dièse et du bémol, on emploie un signe ainsi figuré ♮ qu'on appelle *bécarre*, et dont la propriété est de rétablir dans son ton naturel la note qui est affectée d'un de ces deux signes.

EXEMPLE :

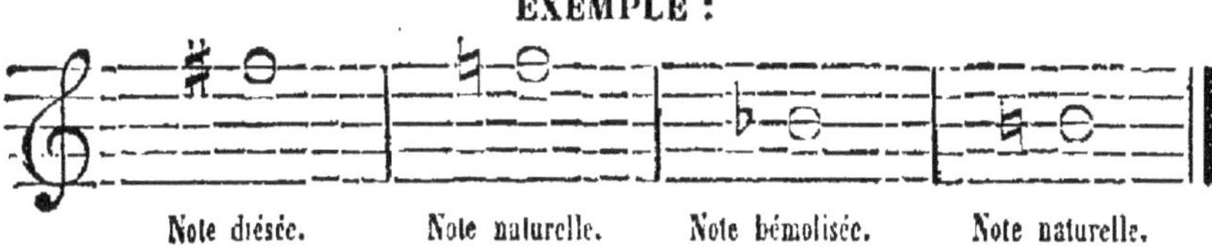

NOTES TONALES.

134. — La tonique, la quarte et la quinte d'une gamme sont appelées *notes tonales*, parce qu'elles constituent le ton. Elles sont invariable, car en les altérant par un dièse ou un bémol, on change de ton, leurs quintes sont également justes et invariables.

EXEMPLE DES NOTES TONALES.

NOTES MODALES.

135. — Les notes modales sont la *tierce*, la *sixte* et la *septième*, c'est-à-dire celles qui forment tierce avec les notes tonales; ces trois notes peuvent être altérées, parce qu'en les baissant par un bémol ou par un bécarre, on ne change pas de ton, mais seulement de mode.

EXEMPLE DES NOTES MODALES.

TONALITÉ.

136. — La tonalité est le signe caractéristique du ton, et ce signe consiste dans le rapport nécessaire et logique qui existe entre tous les sons d'une gamme.

TON.

137. — Par ton, on n'entend pas seulement l'intervalle d'un degré à l'autre, mais on désigne encore sous ce nom la première note d'une gamme sur laquelle est composé un morceau de musique.

138. — Quand on dit, par exemple, que tel morceau de musique est en *ut*, ou en *fa*, ou en *sol*, etc., cela signifie que la première note de la gamme, sur laquelle est composé ce morceau de musique, est *ut*, ou *fa*, ou *sol*.

DÉNOMINATION TONALE DES SEPT NOTES DE LA GAMME.

139. — Relativement au ton, toutes les notes de la gamme se désignent par les noms suivants : la première s'appelle *tonique* ou *note du ton;* la deuxième, *sus-tonique;* la troisième, *médiante;* la quatrième, *sous-dominante;* la cinquième, *dominante;* la sixième. *sus-dominante* ou *sous-sensible;* la septième est appelée *sensible*, parce qu'elle annonce le ton; et la huitième est indifféremment appelée *octave* ou *tonique*, parce qu'elle n'est que la répétition de la première.

GAMME CHROMATIQUE.

140. — Au moyen des dièses et des bémols, on peut partager chacun des cinq tons de la gamme en deux demi-tons à peu près égaux, ce qui donne, avec les deux demi-tons naturels, une suite de douze demi-tons.

141. — La gamme qui n'est composée que de demi-tons, est appelée *gamme chromatique*.

GAMME CHROMATIQUE ASCENDANTE.

GAMME CHROMATIQUE DESCENDANTE.

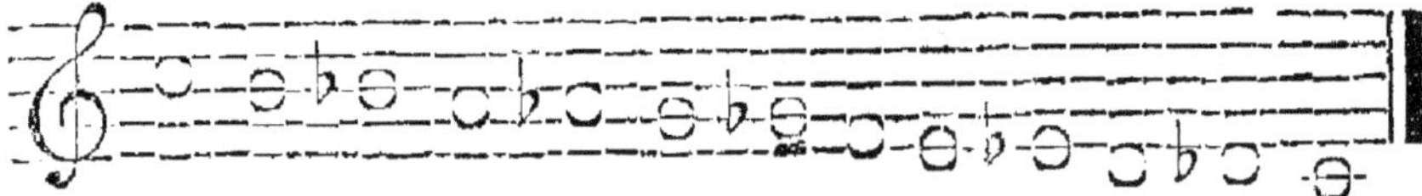

142. — Dans la gamme d'*ut*, chaque note naturelle, ou diésée, ou bémolisée, peut devenir la tonique d'un ton particulier, et comme chaque ton peut être majeur ou mineur, il s'ensuit qu'on peut écrire la musique dans quarante-deux tons différents, dont vingt-et-un tons majeurs et vingt-et-un tons mineurs.

143. — Mais les tons qui dépassent cinq dièses ou cinq bémols à la clef sont peu usités. Alors il n'en reste plus pour les deux modes que vingt-deux généralement employés.

TRANSPOSITION.

144. — Transposer un morceau de musique, c'est l'exécuter ou l'écrire dans un autre ton que celui dans lequel il a été composé. C'est par la transposition qu'on rend presque tous les morceaux de musique propres au diapason de chaque voix et de chaque sorte d'instruments.

145. — Pour transposer un morceau de musique dans un ton quelconque, il ne suffit pas seulement de poser plus haut ou plus bas les notes de ce morceau, mais il faut encore nécessairement modifier, dans ce nouveau ton, par des dièses ou des bémols, les intervalles de manière à établir le même rapport de tons et de demi-tons que dans la gamme d'*ut* majeur, c'est-à-dire que toute gamme majeure doit commencer par deux tons, puis un demi-ton, ensuite trois tons et un second demi-ton. (*Voir la gamme diatonique, page* 10, *n*°. 27.)

146. — Ainsi, soit proposé, par exemple, d'établir la gamme de *sol*, on voit de suite que pour que le second demi-ton soit à sa place, il faut diéser le *fa*, alors la gamme de *sol* sera tout-à-fait semblable à la gamme d'*ut*, c'est-à-dire que les deux demi-tons seront du troisième au quatrième degré, et du septième au huitième degré.

EXEMPLE :

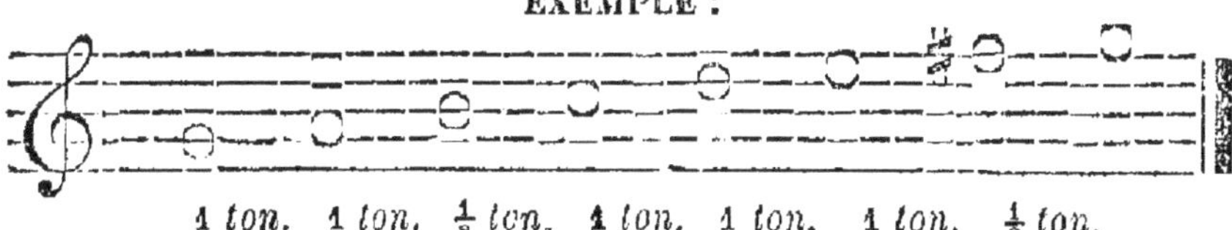

147. — Soit encore proposé d'établir la gamme de *fa*, on voit également que pour que le premier demi-ton soit à sa place, il faut bémoliser le *si*, et alors la gamme de *fa* est dans le même rapport que la gamme d'*ut*.

EXEMPLE :

148. — Si l'on veut encore composer la gamme de *ré*, en examinant chaque intervalle, on remarque de même que pour que les deux demi-tons soient chacun à sa place, il faut diéser le *fa* et l'*ut*.

EXEMPLE :

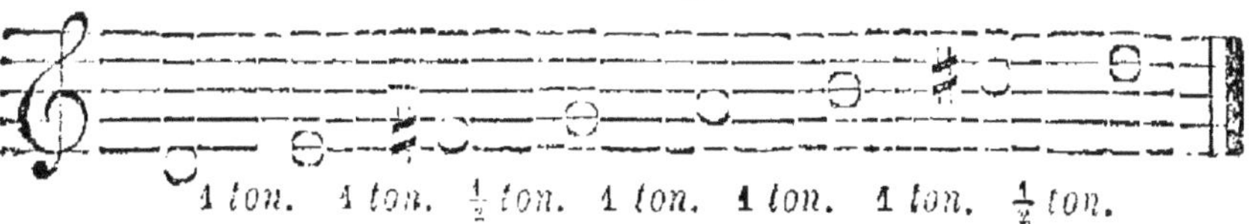

149. — Les dièses et les bémols qui servent à établir une gamme s'appellent *dièses* et *bémols constitutifs.*

150. — Les dièses et les bémols constitutifs se placent toujours en tête du morceau de musique, après la clef, et c'est ce qu'on appelle l'*armure de la clef.*

EXEMPLES :

151. — Les dièses et les bémols de l'armure sont naturels; ils produisent leur effet à toutes les octaves des notes qu'ils affectent jusqu'à la fin du morceau de musique, à moins, cependant, que ces notes ne soient précédées d'un bécarre.

152. — Mais ceux qui se présentent passagèrement sont appelés *dièses* et *bémols accidentels;* ils n'agissent seulement que dans la mesure où ils sont placés, et si l'on veut prolonger leur effet plus longtemps, il faut les réitérer à chaque mesure, autrement, les notes qui en étaient affectées reprendraient leur intonation indiquée par l'armure de la clef; il en est de même de l'effet du bécarre.

TONS MAJEURS.

ARMURES DE LA CLEF AVEC DES DIÈSES.

Quand il y a plus de 7 ♯ à la clef, on emploie le double dièse pour les notes diésées deux fois.

Avec 8 ♯ on est en sol ♯, avec 9 ♯ en ré ♯, avec 10 ♯ en la ♯, avec 11 ♯ en mi ♯, avec 12 ♯ en si ♯.

TONS MAJEURS.

ARMURES DE LA CLEF AVEC DES BÉMOLS.

Quand il y a plus de 7 ♭ à la clef, on emploie le double bémol pour les notes bémolisées deux fois.

Avec 8 ♭ on est en fa ♭.

MODE MAJEUR, MODE MINEUR.

153. — On appelle *mode*, les deux différentes manières d'être dans un ton.

154. — Il y a deux modes, le mode majeur et le mode mineur.

155. — La tierce de la tonique est le signe caractéristique des deux modes.

156. — Quand la tierce de la tonique est majeure, le mode est majeur, et quand cette tierce est mineure, le mode est mineur.

157. — Pour passer du mode majeur au mode mineur dans un ton quelconque, il faut baisser d'un demi-ton les trois notes modales de ce ton ; ainsi dans le ton d'*ut* mineur, il y a trois bémols à la clef, *si*, *mi*, *la*.

EXEMPLE :

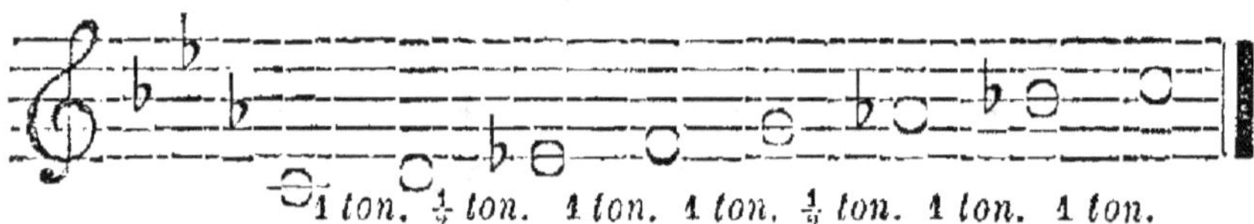

158. — Dans le ton de *ré* mineur, il n'y a qu'un bémol à la clef, car en ôtant les deux dièses du majeur et en ajoutant un bémol, les trois notes modales se trouvent également baissées.

EXEMPLE :

159. — Dans le ton de *la* mineur, il n'y a rien à la clef, parce que les trois notes modales se trouvent dans le rapport voulu en notes naturelles.

EXEMPLE :

1 ton. ½ ton. 1 ton. 1 ton. ½ ton. 1 ton. 1 ton.

160. — Ces trois exemples montrent que dans le mode mineur, le premier demi-ton se trouve du deuxième au troisième degré, et le second, du cinquième au sixième degré.

161. — Mais comme dans le mode mineur, de même que dans le mode mineur, il faut toujours que la note sensible se fasse sentir en montant à la huitième, il s'ensuit qu'il faut élever la septième d'un demi-ton, par un dièse si elle est naturelle, ou un double dièse si elle est déjà diésée, et par un bécarre si elle est bémolisée.

162. — La septième étant ainsi élevée d'un demi-ton, il en résulte qu'il se trouve une seconde augmentée (1 *ton* ½) du sixième au septième degré ; alors pour adoucir la dureté de l'intonation de cette seconde augmentée, on élève de même la sixième. C'est ce qu'on appelle élever la *sixte* d'un demi-ton ; alors le deuxième demi-ton se trouve comme en majeur, du septième au huitième degré.

163. — Mais en descendant, ces deux notes reprennent leur intonation indiquée par l'armure de la clef.

GAMME D'UT MINEURE.

ASCENDANTE.

DESCENDANTE.

GAMME DE RÉ MINEURE.

ASCENDANTE.

DESCENDANTE.

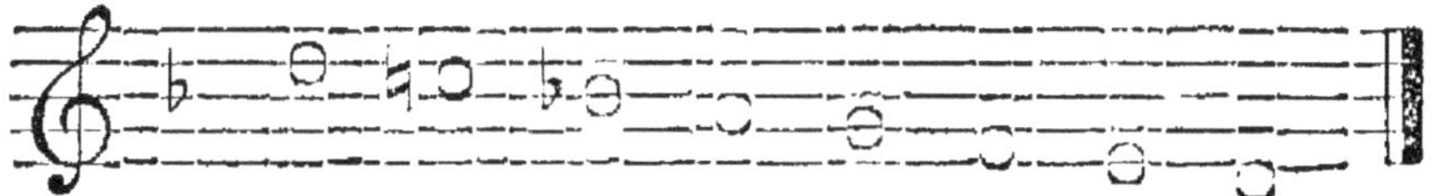

GAMME DE LA MINEURE.

ASCENDANTE.

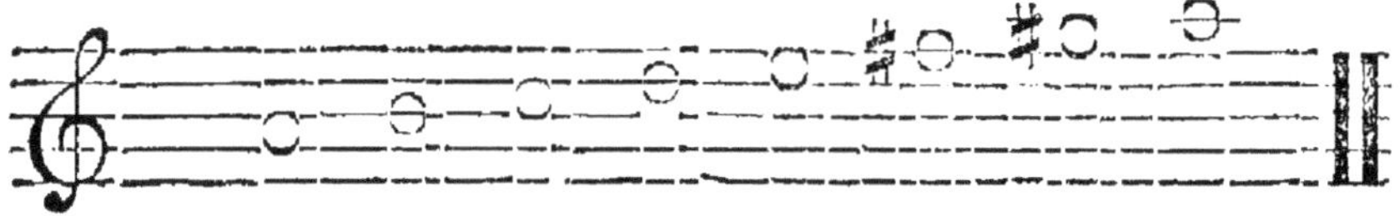

DESCENDANTE.

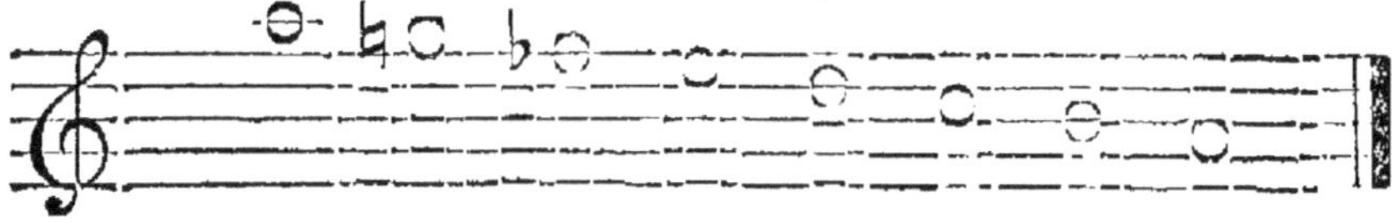

164. — Les signes altératifs qui servent à élever la sixte et la septième dans le mode mineur, ne se placent point à la clef, mais ils se présentent accidentellement dans le cours du morceau de musique.

165. — Cependant il arrive quelquefois que pour conserver le caractère et l'expression pathétique de certains morceaux mineurs, la sixte reste mineure en montant comme en descendant. C'est surtout lorsque cette sixte est une note d'une longue durée.

166. — Dans un ton mineur quelconque, il y a trois dièses de moins ou trois bémols de plus à la clef que dans ce même ton majeur. Ainsi, en *ut* majeur, il n'y a rien à la clef, et en *ut* mineur, il y a trois bémols; en *la* majeur, il y a trois dièses à la clef, et en *la* mineur, il n'y a rien; en *si* majeur, il y a cinq dièses à la clef, et en *si* mineur, il n'y en a que deux; en *mi bémol* majeur, il y a trois bémols à la clef, et en *mi bémol* mineur, il y en a six, etc.

TONS MINEURS.

ARMURES DE LA CLEF AVEC DES DIÈSES.

TONS MINEURS.

ARMURES DE LA CLEF AVEC DES BÉMOLS.

avec 6 ♭ en mi ♭, avec 7 ♭ en la ♭,

avec 8 ♭ en ré ♭, avec 9 ♭ en sol ♭, avec 10 ♭ en ut ♭

avec 11 ♭ en fa ♭.

TONS RELATIFS.

167. — On appelle *ton relatif* un ton mineur qui a le même nombre de dièses ou de bémols à la clef qu'un autre ton majeur. Tels sont *ut* majeur et *la* mineur qui n'ont ni dièses ni bémols à la clef; *sol* majeur et *mi* mineur avec un dièse à la clef; *si bémol* majeur et *sol* mineur avec deux bémols à la clef, etc.

168. — Chaque ton majeur a un ton mineur relatif qui est toujours placé une tierce mineure au-dessous; ainsi, dans une tierce mineure quelconque, la note supérieure peut être la tonique d'un ton majeur, et la note inférieure, la tonique d'un ton mineur relatif à ce ton majeur.

169. — Exception. Les tons de *la* ♯, *mi* ♯ et *si* ♯ majeurs n'ont point de tons mineurs relatifs ayant même armure, et les tons de *sol* ♭, *ut* ♭ et *fa* ♭ mineurs ne sont point relatifs d'autres tons majeurs, ayant également même armure.

MANIÈRE DE RECONNAITRE LE TON D'UN MORCEAU DE MUSIQUE.

170. — Quand il n'y a rien à la clef, on est en *ut* majeur ou en *la* mineur. On est en *ut* majeur si la quinte *sol* de ce ton est juste, et en *la* mineur si cette quinte (qui est la note sensible de ce ton mineur) est diésée.

171. — Quand il y a des dièses à la clef, c'est la note au-dessus du dernier dièse qui est la tonique pour le mode majeur, et la note au-dessous pour le mode mineur; ainsi, avec un dièse à la clef, on est en *sol* majeur ou en *mi* mineur.

172. — Quand il y a des bémols à la clef, c'est la quinte au-dessus ou la quarte au-dessous du dernier bémol qui est la tonique pour le mode majeur, et la tierce au-dessus ou la sixte au-dessous pour le mode mineur; ainsi, avec un bémol à la clef, on est en *fa* majeur ou en *ré* mineur. Cependant il est plus simple de dire, quand il y a plusieurs bémols à la clef, que l'avant-dernier bémol est sur la tonique du mode majeur.

173. — Règle générale. On est dans le mode majeur indiqué par l'armure de la clef, quand la quinte de ce ton est juste, c'est-à-dire quand elle n'est altérée ni par un dièse ou un double dièse, si elle

est déjà diésée à la clef, ni par un bécarre si elle est déjà bémolisée à la clef. Mais si cette quinte (qui devient la note sensible du ton mineur relatif), est altérée dans les premières mesures, on est dans le mode mineur relatif de ce ton majeur.

174. — Voici un moyen infaillible et bien plus simple que le précédent pour trouver le ton d'un morceau de musique. Par une conséquence de la tonalité, tout morceau de musique commence toujours par une des notes de l'accord parfait du ton de ce morceau, et finit sur la tonique.

175. — Dans une partition, toutes les parties ne finissent pas sur la tonique; plusieurs parties du morceau peuvent faire leur repos sur l'une des notes de l'accord parfait; mais le chant et la basse d'accompagnement ont toujours la tonique pour finale. Quand la tierce de cette note finale est majeure, le mode est majeur, et le mode est mineur si cette tierce est mineure.

176. — Cependant il se trouve dans quelques ouvrages, tel que le *solfége d'Italie*, etc., certains morceaux qui font leur repos final sur la dominante.

DEMI-TON DIATONIQUE, DEMI-TON CHROMATIQUE, TONS ENHARMONIQUES.

177. — Il y a deux sortes de demi-ton, le demi-ton *diatonique*, entre deux notes de noms différents, comme de *si* à *ut*, d'*ut* ♯ à *ré*, de *ré* ♭ à *ut*, etc.; et le demi-ton *chromatique*, entre deux notes du même nom, comme d'*ut* à *ut* ♯, de *ré* à *ré* ♭, etc.

178. — *Chromatique*, mot grec, qui signifie nuance, couleur; ainsi les demi-tons chromatiques sont pour les compositeurs de musique ce que les diverses couleurs sont pour les peintres.

179. — Le demi-ton chromatique qui caractérise la nuance du chant chromatique, ne peut jamais être note sensible d'un ton; ainsi, par exemple, dans le ton d'*ut* ♯, ce n'est pas l'*ut* naturel qui est la note sensible, mais *si* ♯; l'*ut* naturel ne peut être note sensible que du ton de *ré* ♭.

180. — Le demi-ton chromatique est plus grand d'un comma (neuvième partie d'un ton), que le demi-ton diatonique.

181. — Cependant dans la pratique, ces deux intervalles sont identifiés, c'est-à-dire qu'ils sont considérés comme donnant le même son; ainsi sur le piano, l'orgue, la harpe, etc., la touche qui donne l'*ut* ♯ est la même que celle qui donne le *ré* ♭.

182. — On appelle *tons enharmoniques*, deux tons différents qui sont considérés dans la pratique comme donnant la même intonation, tels sont *ut* ♯ et *ré* ♭, *ré* ♯ et *mi* ♭, etc. Ainsi c'est par enharmonie que l'on passe du ton d'*ut* ♯ au ton de *ré* ♭, et ce passage s'appelle *transition enharmonique.*

183. — Cependant en harmonie, les tons enharmoniques ont une grande différence entre eux, et ne sauraient être confondus et pris l'un pour l'autre.

TONS ET MODES INCERTAINS.

184. — Le ton est incertain quand les trois notes tonales ne sont point employées dans le cours du morceau de musique, et le mode est incertain si les trois notes modales ne s'y rencontrent pas.

MODULATION.

185. — On appelle *modulation* les divers changements de ton et de mode qui se rencontrent dans le courant d'un chant ou dans l'harmonie.

186. — Le ton par lequel commence et finit un morceau de musique, est appelé *ton principal*, et les tons dans lesquels on module, s'ils ont de l'affinité avec le ton principal, s'appellent *tons analogues.*

187. — Les tons analogues sont la quarte et la quinte du ton principal, et leurs relatifs.

188. — C'est à tort que quelques personnes confondent la transition avec la modulation. La transition est le moment où l'on passe d'un ton ou d'un mode à un autre, et la modulation dure d'une transition à une autre.

PHRASE MUSICALE, PÉRIODE, DESSIN, RHYTHME, SYMÉTRIE, IMITATION, RÉPÉTITION, INCISE, CARRURES DES PHRASES.

189. — La *phrase musicale* est une suite régulière et continue de chant ou d'harmonie, formant un sens plus ou moins complet et se terminant par un repos.

190. — La *période musicale* est une phrase plus ou moins longue, et dont les parties sont disposées avec art, de manière à former un sens musicale parfait. Les phrases et les périodes musicales expriment la pensée du compositeur, comme les vers celle du poète.

191. — Le *dessin* est la disposition ascendante ou descendante des différentes parties des phrases mélodiques et harmoniques d'un morceau de musique.

192. — Le *rhythme musical* est l'effet agréable produit par la succession des diverses valeurs des notes rangées dans un ordre régulier quelconque.

193. — La *symétrie musicale* est la répétition ou la correspondance des mêmes formes de durée et d'intonation dans les membres d'une phrase musicale.

194. — L'*imitation* est la transposition ou la répétition du même dessin dans la même partie ou dans une partie quelconque.

195. — La *répétition* est le retour de la même idée musicale, sur les mêmes degrés et dans la même partie.

196. — L'*incise* est un court passage qui sert à lier les phrases entre elles. L'incise est la conjonction musicale.

197. — Par *carrure des phrases*, on entend la similitude qui existe dans le nombre de mesures dont la phrase musicale est composée.

198. — On appelle *phrase carrée* celle qui est composée d'un nombre paire de mesures; ce nombre est ordinairement de quatre ou d'un multiple de quatre.

199. — Il y a aussi des phrases de trois, de six, de dix mesures; ces phrases seront également carrées s'il y a similitude entre elles, et si elles sont partagées par des repos symétriques. Ces repos symétriques sont pour la phrase musicale ce que la césure est pour les vers.

200. — La phrase musicale qui est considérée comme étant la plus parfaite, est celle qui est composée de huit mesures avec un repos à la quatrième.

INTERVALLES DIMINUÉS, INTERVALLES AUGMENTÉS.

201. — Outre les intervalles majeurs et les intervalles mineurs dont il a été parlé dans la première partie, il y a encore ce qu'on appelle les *intervalles diminués* et les *intervalles augmentés.*

202. — Un intervalle est diminué quand au mineur on ôte encore un demi-ton, et il est augmenté quand on ajoute un demi-ton au majeur.

RENVERSEMENT DES INTERVALLES.

203. — Tous les intervalles naturels ou altérés sont susceptibles de renversement, c'est-à-dire que l'on peut transposer au grave la note qui est à l'aigu et réciproquement, à l'aigu la note qui est au grave.

204. — Les intervalles renversés changent de nature et produisent des effets différents; ainsi, par exemple, d'*ut* à *mi*, il y a une tierce, et en transposant le *mi* au grave, il en résulte une sixte; d'*ut* à *sol*, il y a une quinte, et si l'on transpose le *sol* au grave, le nouvel intervalle produit par ce renversement sera une quarte, etc.

205. — Par les renversements, les intervalles majeurs deviennent intervalles mineurs.

Les intervalles mineurs deviennent intervalles majeurs.

Les intervalles diminués deviennent intervalles augmentés.

Les intervalles augmentés deviennent intervalles diminués.

Les intervalles justes restent également justes étant renversés.

TABLEAU DE TOUS LES INTERVALLES DIMINUÉS,

Mineurs, Majeurs et Augmentés.

INTERVALLES DE SECONDES.

Diminuée,	mineure,	majeure,	augmentée.
Intervalle enharmonique (un comma.)	1 demi-ton,	1 ton,	1 ton et demi.

INTERVALLES DE TIERCES.

Diminuée,	mineure,	majeure,	augmentée.
2 demi-tons,	1 ton et demi,	2 tons,	2 tons et demi.

INTERVALLES DE QUARTES.

Diminuée,	juste,	majeure ou triton.
1 ton et 2 demi-tons,	2 tons et demi,	3 tons.

INTERVALLES DE QUINTES.

mineure,	juste,	augmentée.
2 tons et 2 demi-tons,	3 tons et demi,	3 tons et 2 demi-tons.

INTERVALLES DE SIXTES.

Diminuée,	mineure,	majeure,	augmentée.
2 tons et 3 demi-tons,	3 tons et 2 demi-tons,	4 tons et demi,	4 tons et 2 demi-tons.

INTERVALLES DE SEPTIÈMES.
Diminuée,
mineure,
majeure,
augmentée.
3 tons et 3 demi-tons,
4 tons et 2 demi-tons,
5 tons et demi,
5 tons et 2 demi-tons
INTERVALLES D'OCTAVES.
Diminuée,
juste,
augmentée.
4 tons et 3 demi-tons.
5 tons et 2 demi-tons.
6 tons et 1 demi-ton.
TABLEAU DE TOUS LES INTERVALLES RENVERSÉS.
RENVERSEMENT DES SECONDES.
Seconde diminuée ou enharmonique,
seconde mineure,
seconde majeure,
seconde augmentée.
Septième augmentée,
septième majeure,
septième mineure,
septième diminuée.
RENVERSEMENT DES TIERCES.
Tierce diminuée,
tierce mineure,
tierce majeure,
tierce augmentée.
Sixte augmentée,
sixte majeure,
sixte mineure,
sixte diminuée.
RENVERSEMENT DES QUARTES.
Quarte diminuée,
quarte juste,
quarte majeure ou triton.
Quinte augmentée,
quinte juste,
quinte mineure.

DE LA TRANSPOSITION PAR LE CHANGEMENT DES CLEFS.

206. — Quand un morceau de musique est trop haut ou trop bas pour l'exécutant, on peut, en changeant mentalement de clef, le transposer dans tous les tons, sans que les notes changent de place ; ainsi, par exemple, si un morceau en *ut*, sur la clef de *sol* deuxième ligne, est trop haut, on peut le supposer écrit sur la clef d'*ut* quatrième ligne, et le morceau se trouve transposé en *si naturel*, en supposant cinq dièses à la clef, ou en *si bémol*, en y supposant deux bémols.

207. — Si au contraire ce ton est trop bas, on le suppose écrit sur la clef d'*ut* troisième ligne, et alors il est transposé en *ré naturel* majeur, en supposant deux dièses à la clef, et si le ton est mineur, on n'y suppose qu'un bémol.

208. — On peut ainsi passer dans tous les tons, en posant les clefs de manière à faire exprimer successivement à la tonique du ton primitif, le nom de chaque note de la gamme, en ayant toujours soin

de supposer à la clef l'armure du ton dans lequel on passe, soit en tonique naturelle, ou diésée, ou bémolisée, soit en mode majeur ou en mode mineur.

Nota. Voir pour cela les armures de tous les tons, page 54 pour le mode majeur, et page 58 pour le mode mineur.

TABLEAU DE LA TRANSPOSITION DE TOUS LES TONS

Par le changement des Clefs, avec la Basse d'accompagnement.

TON PRIMITIF.

209. — Dans ce tableau, on a pris pour ton primitif le ton d'*ut* naturel; mais quel que soit le ton primitif dans lequel est composé

un morceau de musique, il sera toujours possible de le transposer dans tous les tons, en plaçant les clefs de manière à faire exprimer successivement à la tonique de ce ton, le nom de chaque note de la gamme.

210. — Ainsi l'on voit qu'au moyen de la transposition par le changement des clefs, on peut obtenir tous les tons de la musique sur sept positions différentes.

211. — C'est surtout pour la commodité de cette transposition mentale qu'il est nécessaire de savoir lire la musique sur toutes les clefs, autrement on serait obligé de copier le morceau qui est trop haut ou trop bas, dans le ton convenable pour la voix ou l'instrument de l'exécutant.

OBSERVATIONS ESSENTIELLES

POUR BIEN CHANTER.

212. — Pour bien chanter, il ne suffit pas d'avoir de la voix et de crier fort, afin de se faire entendre, comme font ordinairement les ignorants qui veulent s'attribuer des talents qu'ils n'ont pas. Mais, outre le goût et les dispositions que la nature nous a accordées, il faut encore réunir des talents acquis par une étude bien suivie.

1°. Il faut tant soit peu augmenter la force du son en montant, et la diminuer en descendant; 2°. se tenir dans une position décente et naturelle, et éviter les gestes ridicules; 3°. laisser aller la voix naturellement sans la contrefaire par une mauvaise prononciation ou par tout autre défaut semblable; 4°. chanter avec grâce et avec goût; 5°. ne point forcer sa voix pour se fatiguer; 6°. ne point respirer au milieu des mots ou avant un repos; 7°. bien articuler et prononcer nettement toutes les syllabes; 8°. bien saisir le caractère et l'accent qui sont propres au morceau que l'on chante; 9°. faire sentir l'expression et l'énergie que la musique ajoute aux paroles; 10°. en un mot, il faut, dit J.-J. Rousseau, faire valoir toutes les parties de la phrase musicale et y porter la vie comme si l'on était à la fois le poète et le musicien.

Seconde Section.

SOLFÈGE.

LEÇONS DU SOLFÈGE D'ITALIE.

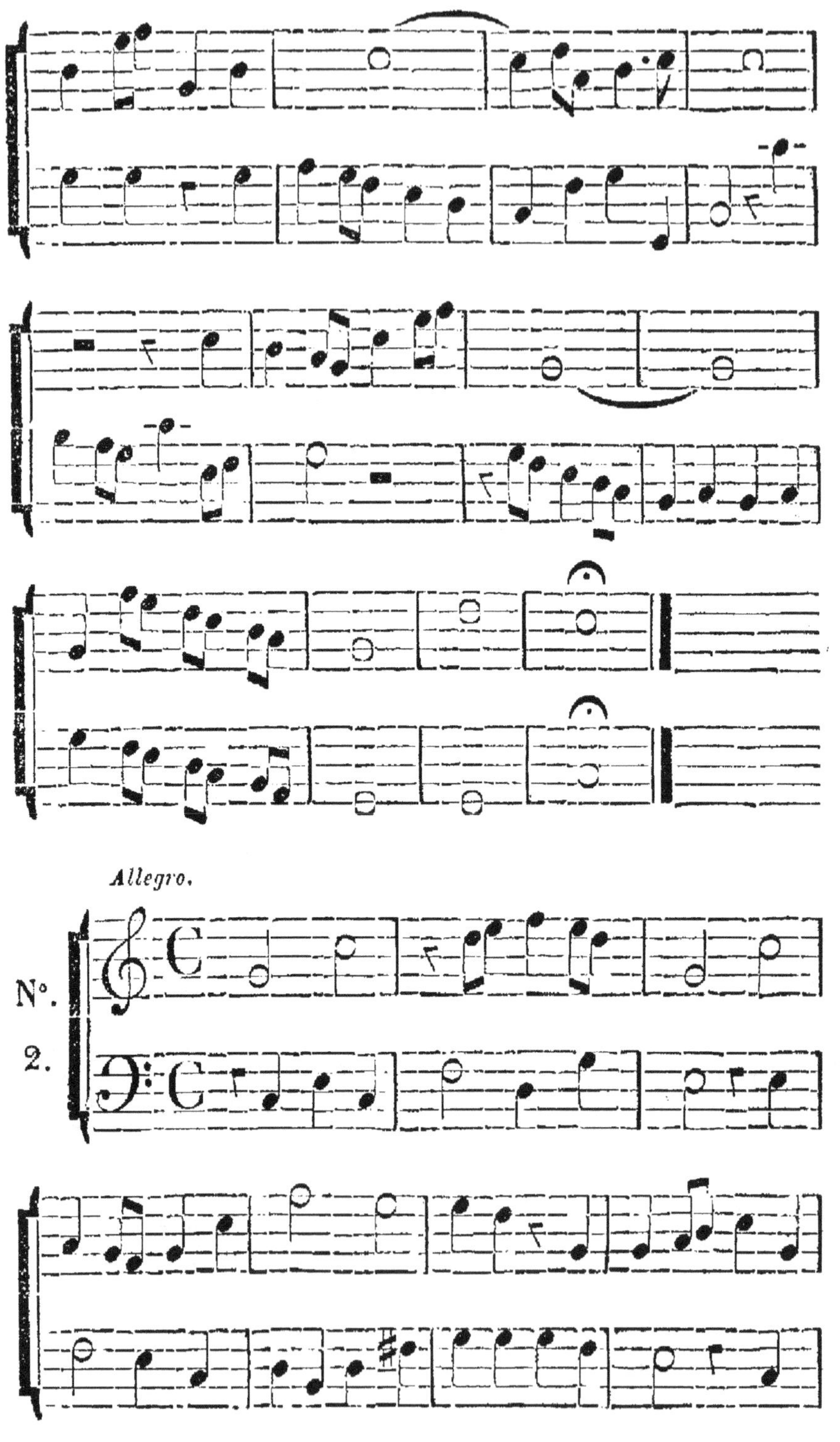
Allegro.
N°.
2.

Andante.
N°.
5.

LEÇONS DU SOLFÈGE DE RODOLPHE.

Moderato.
N°.
5.

Marche.
N°.
6.

Andante.
N°. 7.
3
4
3
4

tr.

DURANTE. Allegro.
N°.
8.
tr.

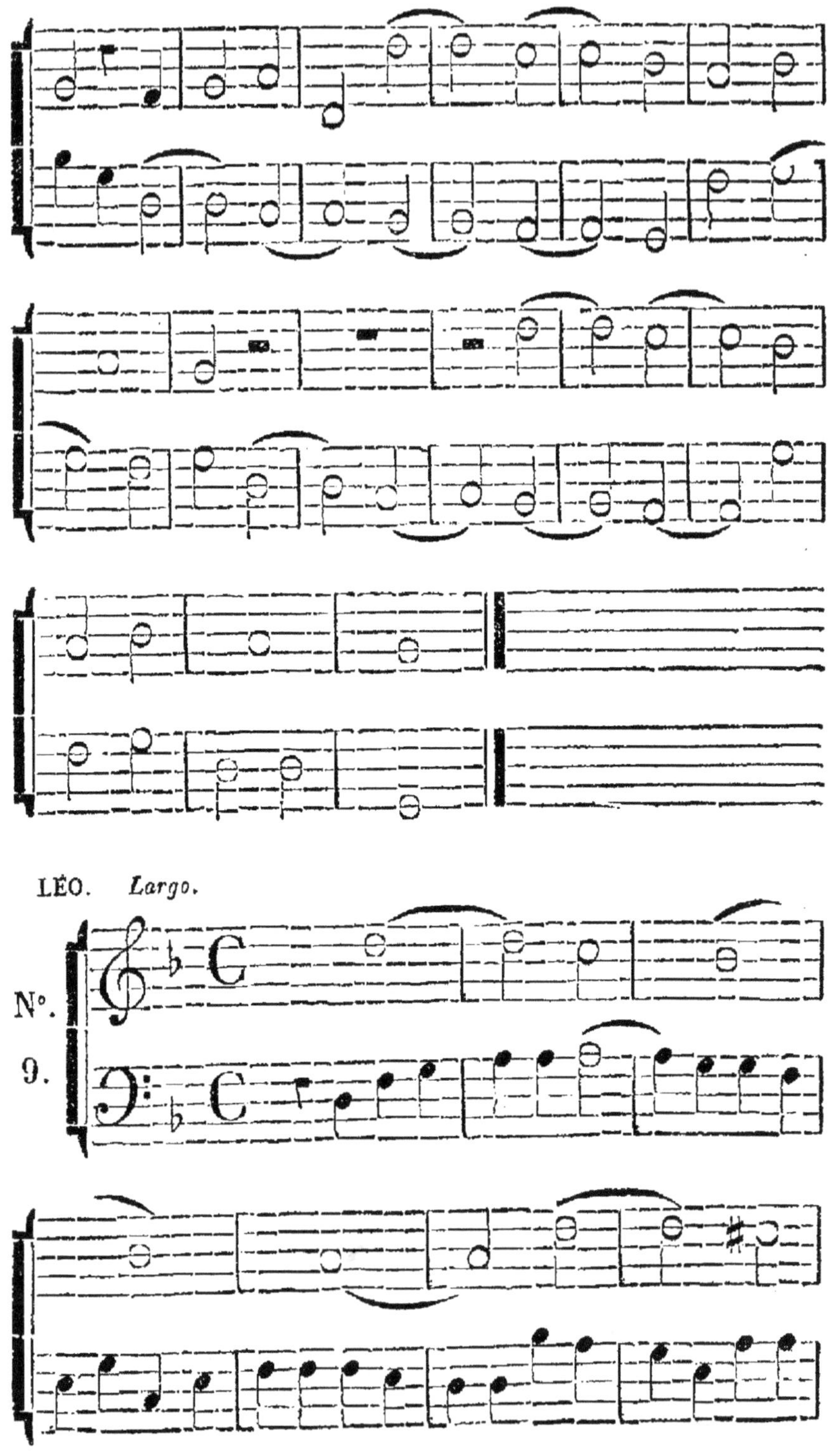
LÉO. Largo.
N°.
9.

tr.

SOLFÈGE D'ITALIE. *Allegro.*

SOLFÈGE D'ITALIE. Allegro.
N°. 11.

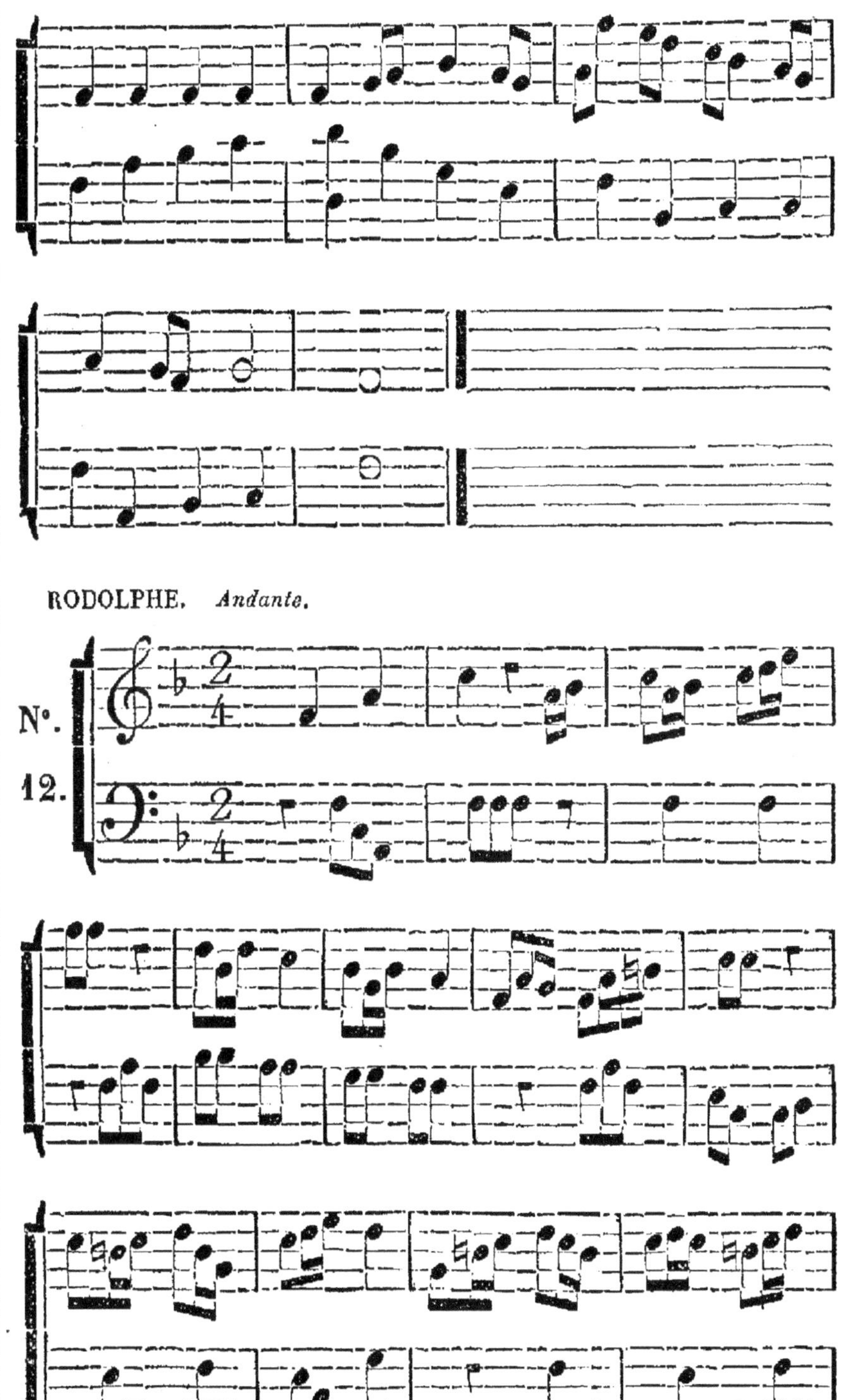
RODOLPHE. Andante.
N°.
12.

RODOLPHE. *Allegretto.* TRIOLET.

No. 13.

3
3
6
6
6
3
6
3
6
6
6
tr.

HASSE. *Larghetto.*

N°. 14.

RECUEIL DE CHANTS

A DEUX VOIX.

cœur. Mal-gré nos for-faits, Ses dons, ses bien-faits, Ses char-
cœur. Mal-gré nos for-faits, Ses dons, ses bien-faits, Ses char-
mants at-traits Ne nous par-lent que de paix : Pleu-rons
mants at-traits Ne nous par-lent que de paix : Pleu-rons
nos for- faits ; Chan- tons ses bien- faits, Ren- dons-
nos for- faits ; Chan- tons ses bien- faits, Ren- dons-
nous à ses char- mants at- traits.
nous à ses char- mants at- traits.

Andantino.
N°. 2.
HÉ- LAS! quel-le dou- leur Rem-plit mon
HÉ- LAS! quel-le dou- leur Rem-plit mon
cœur, Fais cou- ler mes lar- mes! Hé- las! quel-le dou-
cœur, Fais cou- ler mes lar- mes! Hé- las! quel- le dou-
leur Rem-plit mon cœur De crainte et d'hor-reur! Au- tre-
leur Rem-plit mon cœur De crainte et d'hor-reur! Au- tre-
fois, Sei- gneur, sans a- lar- mes, De tes lois
fois, Sei- gneur, sans a- lar- mes, De tes lois

Je goû- tai les char- mes ; Hé- las ! vœux su- per- flus,
Je goû- tai les char- mes ; Hé- las ! vœux su- per- flus,
Beaux jours per- dus, Vous ne se- rez plus !
Beaux jours per- dus, Vous ne se- rez plus !
Andante.
N°. 3.
Gou- tez, â- mes fer- ven- tes, Goû- tez vo-
Gou- tez, â- mes fer- ven- tes, Goû- tez vo-
tre bon- heur ; Mais de- meu- rez cons- tan- tes Dans vo- tre
tre bon- heur ; Mais de- meu- rez cons- tan- tes Dans vo- tre

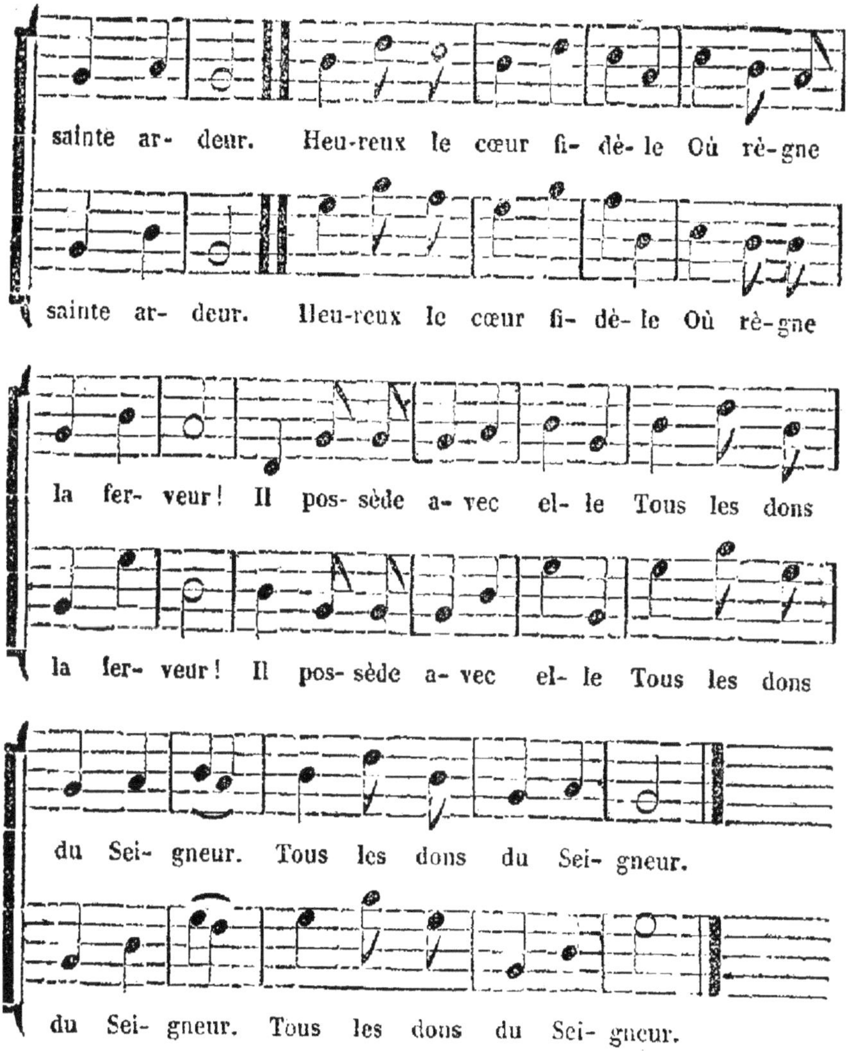
sainte ar- deur. Heu-reux le cœur fi- dè- le Où rè-gne
sainte ar- deur. Heu-reux le cœur fi- dè- le Où rè-gne
la fer- veur! Il pos- sède a- vec el- le Tous les dons
la fer- veur! Il pos- sède a- vec el- le Tous les dons
du Sei- gneur. Tous les dons du Sei- gneur.
du Sei- gneur. Tous les dons du Sei- gneur.

Andante.

N°. 4.

Je mets ma con- fi- an- ce, Vierge en
Je mets ma con- fi- an- ce, Vierge en

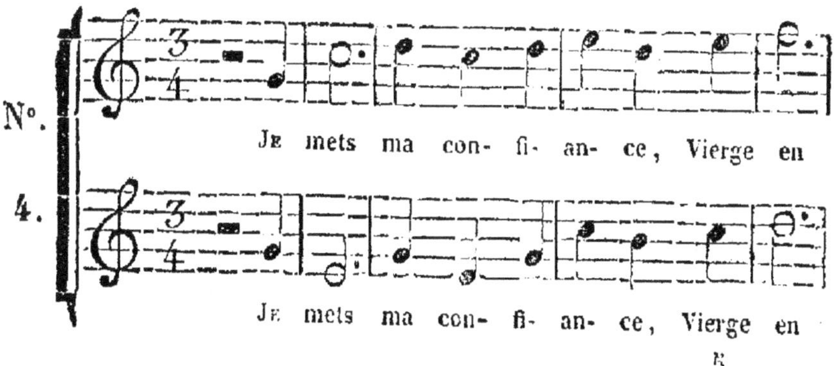

vo- tre se- cours : Ser- vez- moi de dé- fen- se, Pre- nez
vo- tre se- cours : Ser- vez- moi de dé- fen- se, Pre- nez
soin de mes jours. Et quand ma der- nière heu- re Vien-
soin de mes jours. Et quand ma der- nière heu- re Vien-
dra fi- xer mon sort, Ob- te- nez que je meu-re De
dra fi- xer mon sort, Ob- te- nez que je meu-re De
la plus sain- te mort.
la plus sain- te mort.

Moderato.
N°. 5.
pp.
D'une Mère ché- ri- e
pp.
D'une Mère ché- ri- e
Cé- lé-brons les gran-deurs; Con-sa-crons à Ma- ri- e
Cé- lé-brons les gran-deurs; Con-sa-crons à Ma- ri- e
Et nos voix et nos cœurs. De con-cert a- vec l'An- ge,
ff.
Et nos voix et nos cœurs. De con-cert a- vec l'An- ge,
Quand il la sa- lu- a, Di-sons à sa lou- an- ge,
Quand il la sa- lu- a, Di-sons à sa lou- an- ge,

pp.
Un a- ve Ma- ri- a. De con-cert a- vec l'An- ge,
pp
Un a- ve Ma- ri- a. De con-cert a- vec l'An- ge,
Quand il la sa- lu- a, Di-sons à sa lou- an- ge,
Quand il la sa- lu- a, Di-sons à sa lou- an- ge,
Un a- ve Ma- ri- a.
Un a- ve Ma- ri- a.
Andantino.
N°. 6.
Aux chants de la vic- toi- re Mê-
Aux chants de la vic- toi- re Mê-

lons nos chants d'a-mour, En ce jour : Dieu des-cend de sa
lons nos chants d'a-mour, En ce jour : Dieu des-cend de sa
gloi- re, En cet heu- reux sé- jour : Ter-
gloi- re, En cet heu- reux sé- jour : Ter-
re, fré- mis de crain- te, Voi- ci le Dieu ja-
re, fré- mis de crain- te, Voi- ci le Dieu ja-
loux près de nous ; Sous sa Ma- jes- té sain- te, O
loux près de nous ; Sous sa Ma- jes- té sain- te, O

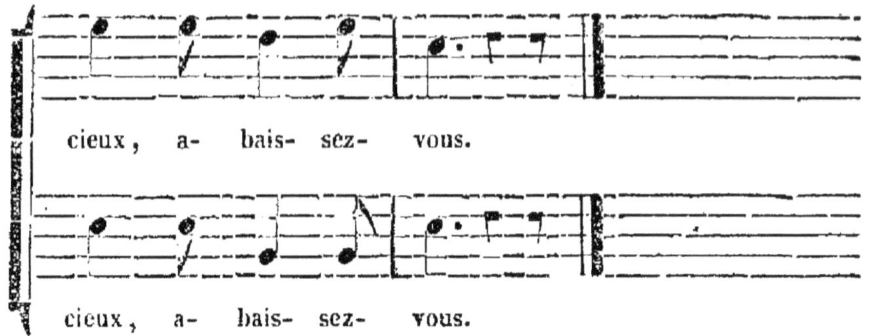

Nota. Parvenus au degré actuel de Solmisation et de Chant, les Élèves seront capables d'étudier tous morceaux quelconques de Musique religieuse, et pourront ainsi se rendre utiles dans les cérémonies le jour des solennités religieuses.

Les Maîtres qui voudraient donner à leurs Élèves des leçons de Solfèges plus difficiles, pourront se procurer le Solfége de Rodolphe, comme étant l'ouvrage le meilleur marché en ce genre et le plus répandu dans les Écoles, et en faire des copies in-folio, qu'ils remettront à chaque Élève. Toutefois, ils auront soin de baisser les leçons trop hautes. Ils pourront aussi profiter des plus hautes leçons pour exercer les Élèves à la transposition par le changement des clefs.

FIN DE LA SECONDE PARTIE.

TABLE DES MATIÈRES.

Amiens. Typographie de CARON et LAMBERT, imprimeurs-libraires.

www.ingramcontent.com/pod-product-compliance
Lightning Source LLC
LaVergne TN
LVHW020029170826
845678LV00001B/189

* 9 7 8 2 3 2 9 7 3 5 3 8 2 *